ナツメ社教育書ブックス

楽しい**学校生活**をつくる
クラスがまとまる

学級あそび 120

宮川八岐・稲垣孝章
=監修

ナツメ社

はじめに

　子どもたちにとって学校（学級）は、楽しく学び、生活できる場でありたいものです。それは教師がちょっとしたあそび（ゲーム）を活かした学級経営の工夫をすることで、子どもたちが意欲的に学習に向かい、よりよい人間関係を築くことができます。それだけでなく、集団活動の充実に欠かせない創意工夫をする力も身につけることができます。

　本書は、その教師のちょっとした学級経営の工夫のためにヒントを提供しようと「学級あそび」のいろいろをまとめました。

　ここで取り上げているあそびは「集団あそび」です。幼児期の多くは「一人あそび」や「ごっこあそび」ですが、やがて成長とともに約束（ルール）に従ってあそぶ「集団あそび」の楽しさに興味、関心が移ります。その楽しさが学級への帰属意識を高め、徐々に社会性を身につけることにもなります。

　この学級あそびのほとんどが、学級担任と一緒に行うあそびです。朝の会や授業によっては導入段階で、あるいは休み時間などで行うことができます。

　こうした学級あそび（集団あそび）の多くは、例えば、年度当初の「どうぞよろしくの会をしよう」など、学級会の実践活動に実際に取り入れることができます。このような学級会の経験が積み重なると、それまで経験しているあそびの内容や方法を工夫し、さらにおもしろさを加えて取り組むようになり、児童会活動やクラブ活動、学校行事の中にも活かされることも大いに期待できます。

　どうぞ、本書を先生方の手持ちにし、学校図書館や学級文庫に加えるなど、ご活用いただけたら幸いです。

　　　　　　　　　　　宮川八岐

学級あそびを通して、「**教師と子ども**」で楽しい学級生活をつくり、よりよい人間関係を築こう

雨の日の昼休み、校長として各学級の様子を
参観していたときのことです。

「Ａちゃん、頑張れ！」
「Ａちゃん、もう少しだよ！」
「Ａちゃん、できるよ！」

ある学級から元気な声援が聞こえてきました。
学級で何かのあそびをしていたようです。
その中で上手に活動できない子どもに対して、ほかの子どもたちが
声をかけて励ましている姿を見て、胸が熱くなりました。
日常的なあそびの中で「子どもたちのよりよい人間関係を築くことを
大切にしたい」と改めて感じた一コマでした。

本書では、単に教科の学習から解放された楽しさから、
「教師と子どもの信頼関係」「子ども相互のよりよい人間関係」を
築くためのあそびと、教師がもつべき視点を紹介しています。
子どもたちの笑顔があふれる学級生活や学級文化を創造するため、
次の視点を重視しています。

- 教師が「一人ひとりの子どもの心情に寄り添う視点」を取り入れ、**教師と子どもの信頼関係**を築くことができるように配慮しています。

- 教師が自身のことを「先生」と言わずに「私は」と語ることや、「〜してください」という依頼ではなく「〜しましょう」と**活動を促す言葉**を使っています。

- 活動の中で困っている子どもや、なかなか楽しめない子どもに対して、**具体的な声かけ**を取り上げています。

- 勝ち負けの楽しさを踏まえつつ、「勝負に終始せず」に**子どもが支え合い、励まし合う場面**をつくっています。

- 子どもたちが「得意」「不得意」を乗り越えて、**どの子どもも嫌な思いをしないあそび**となるようにしています。

子どもたちは、あそびが大好きです。
あそびの中で友だちと支え合い、楽しい活動を通して
友だちのよさを発見していきます。

まずは教師自身が満面の笑顔で、子どもたちと一緒に楽しくあそんでみませんか？
一緒に活動する中で、子どもたちのさまざまな姿が見えてくると思います。

さあ、子どもたちの笑顔が輝く学級生活を創造するため
「学級あそび」を楽しみましょう。

あそびの番号と名前、対象学年を示しています。

所要時間、人数、準備するもの、あそび方を掲載しています。

子どもの自信につながる声かけや、子どもたちの関係づくりにつながる声かけなどを掲載しています。

---

3 ★年度当初・学級集会

同じものいくつ？

教師が出したテーマから連想するもの（言葉）を三つ書いて、同じ言葉を書いた人数がポイントとなるゲームです。

所要時間 5分　人数 学級全員　準備するもの メモ用紙（人数分）

あそび方
・教師が示したテーマから、連想するもの（言葉）をメモ用紙に三つ書きます。
・同じ「連想するもの（言葉）」を書いた人数だけ点数になり、合計点を競います。
・連想した人数が少なかった子どもが、嫌な思いをしないように声かけをしましょう。

1 子どもたちに説明をします

①これから私がテーマを出します。
②そのテーマから連想するものをメモ用紙に三つ書きましょう。
③クラスの中で同じものを書いた人の人数が、得点になります。
例えば、「果物」がテーマの場合は、私は、バナナ、りんご、キウイを連想します。正解はないので、思いついたものを自由に書きましょう。

2 ゲームをします

テーマは「甘いもの」です。「甘いもの」から連想するものをメモ用紙に三つ書きましょう。

①ケーキ ②アイスクリーム ③お団子、で決まり！

①チョコレート ②マシュマロ…、三つ目はどうしよう？

（数人の子どもたちのメモ用紙を確認する。）
みなさん、三つ書きましたか？ 同じものを書いた人は手を挙げてくださいね。「ケーキ」を書いた人は何人いますか？
※子どもたちのメモ用紙を見ながら、言葉を挙げていきましょう。

18

（挙手をする。）はい。

悔しい～！ 書こうか悩んだんだよね。

（挙手した子どもの数をかぞえる。）15人なので15点です。15人が同じものを連想したんですね。

やったあ！15点！

0点かあ。次はどんなものが出てくるかな？

[連想した人数が一人だった場合]
Aさん、すごい！ ポイントはありませんが、一人になるのは難しいです。次のゲームは、たくさんの点数がとれそうなものを考えてみてね。

[連想した人数が少ない場合]
○○なんて、おもしろいものを連想したね。楽しい連想ですね。

[連想した人数が少ない答えを探す場合]
連想したものが、まだ出ていない人はいますか？ みんなに教えてほしいな。

成功のポイント
●子どもたちの連想したもの（言葉）をすべて紹介してから、終わりましょう。
●連想する数を増やすと、難易度が増します。発達段階やゲームへの慣れ具合にあわせて、テーマの内容と連想度合いのものの数を変えましょう。
●連想した人が少ないものを書いた子どもの勝ちとなる方法もあります。競争による勝ち負けより、子ども同士の人間関係を深めることを重視しましょう。

学校内でのあそび｜教室

19

教師が確認するポイントや、子どもたちとのやりとりを紹介しています。

すべてのあそびで、子どもたちへのルールや説明を紹介しています。

あそびをさらに盛り上げるポイントや、発展的なあそび方を取り上げています。

この本では定番のあそびだけでなく、オンラインでのあそび、
現代社会の教育課題等を踏まえた外国語や環境、福祉のあそびなど、
多様なあそびとアイデアを取り入れています。
あそびながら信頼関係や人間関係を築き、深め、広げる機会を設けてください。

楽しい学校生活をつくる　クラスがまとまる

学級あそび120

バス車内

第3章 もっといろいろなあそび

外国語

第Ⅰ章

学校内でのあそび

第Ⅰ章では教室や体育館、校庭で
取り組むことができるゲームを紹介しています。
各ゲームでは、人数やおすすめの場面などを
掲載していますが、これは一例にすぎません。
縛られることなく、自由なアイデアで
子どもたちと一緒に楽しみましょう。

1 何が出るかな？

低 中 高

年度当初に学級担任の人間的な側面を披露し、自己紹介に活用できるゲームです。

時間 5分 **人数** 学級全員 **準備するもの** 大きめのサイコロ

あそび方
・サイコロの出た目に合わせて、教師の人間的な側面を披露できる話の内容を設定しておきます。
・「嬉しかった話」「驚いた話」「失敗した話」など、子どもたちが親しみやすくなるようなテーマを選びましょう。

1 子どもたちに説明をします

これからサイコロを振って出た目の数に合わせて私が話をします。サイコロの目が1、2のときは「嬉しかった話」、3、4のときは「驚いた話」、5、6のときは「失敗した話」をします。

2 ゲームをします

今日の日直の二人に、サイコロを振ってもらいます。

（サイコロを振る。）

最初は、5の目が出たので、私が「失敗した話」です。私は、みなさんに忘れものをしないように話しますが、実は、私も忘れものをすることが多く……。

なんだ、先生も忘れものをするんだね……。

ほかに私に話してほしいことはありますか？

「先生が笑った話」「先生の苦手なもの」「先生の好きなこと」をお願いします！

テーマが三つ増えたので、話すことが六つになりましたね。サイコロの目の数だけ話ができますね。

次の機会には、みなさんのグループでこのゲームに挑戦しても楽しいと思いますよ。新しいルールを考えてみて、思いついたら教えてくださいね。

3 アレンジをします

今日のお楽しみ会には、音楽のA先生がゲストで来てくださいました。早速、A先生に「何が出るかな？」に参加してもらいます。

A先生
みなさん、こんにちは。今日はよろしくお願いします。

A先生、サイコロを振ってください。

A先生は、どんな話をしてくれるのかな？

> アレンジのポイント
>
> ● 取り組む際に、子どもから話のテーマをリクエストしてもらってもよいでしょう。教師への関心を高め、信頼関係を築くきっかけになります。
> ● 生活班などのグループで取り組むことで、気軽にゲームをすることができます。このアレンジは、子ども同士の人間関係を深めるきっかけになります。

2 王様ジャンケン

低 中 高

「王様ジャンケン、ジャンケンポン」のかけ声で、教師と子ども全員で一緒になってジャンケンをして、学級の楽しい雰囲気をつくるゲームです。

時間 5分 人数 学級全員 準備するもの なし

あそび方 ・教師が子ども全員とジャンケンをして、最後まで勝ち残った人が王様になるゲームです。
・王様になった子どもは、教師の代わりにジャンケンをします。

1 子どもたちに説明をします

①これから私とみなさんでジャンケンをします。ジャンケンのかけ声は「王様ジャンケン、ジャンケンポン！」です。ポンに合わせて、グー、チョキ、パーを出してください。
②私に勝った人は、そのまま続けてジャンケンをします。私とあいこだった人と負けた人は、座りましょう。

2 ゲームをします

全員立ちましょう。最初はグー。王様ジャンケン、ジャンケンポン！

（起立して、ジャンケンをする。）

私は、パーを出しました。チョキを出して私に勝った人以外は、座りましょう。

（ジャンケンを続けて）最後の3人になりました。では、この3人でジャンケンをして王様を決めましょう。

※3～4人が残った段階で、最後のジャンケンをします。全員が負けた場合はやり直しましょう。

（ジャンケンをする。） 勝った！　やった～、王様だ！

 王様はAさんになりました！　**次は、王様とみなさんでジャンケンをして、新しい王様を決めましょう。**

 今度は、先生もみんなと一緒に王様とジャンケンをしてくれるんだね。楽しいね。

 私も王様になれるように、みんなと一緒に頑張ります。

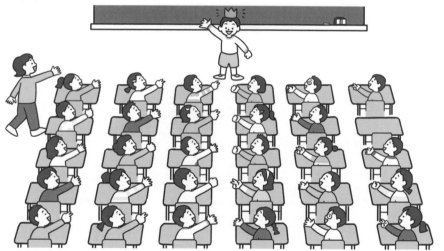

学年の発達段階にあわせて、王様には王冠を準備しておくと盛り上がります。

> **アレンジのポイント**
>
> ● あいこの場合も、勝ち残った人と一緒に次のジャンケンに参加できるようにすると、多くの子どもが次に進むことになります。
>
> ● 王冠やメダルなどに、王様になった子どもの名前を書いていくと継続的に楽しく行うことができます。

3

低 中 高

★年度当初・学級集会

同じものいくつ？

　教師が出したテーマから連想するもの（言葉）を三つ書いて、同じ言葉を書いた人数がポイントとなるゲームです。

時間▶ 5分　人数▶ 学級全員　準備するもの▶ メモ用紙（人数分）

あそび方▶・教師が示したテーマから、連想するもの（言葉）をメモ用紙に三つ書きます。
　　　　　・同じ「連想するもの（言葉）」を書いた人数分だけ点数になり、合計点を競います。
　　　　　・連想した人数が少なかった子どもが、嫌な思いをしないように声かけをしましょう。

1　子どもたちに説明をします

①これから私がテーマを出します。
②そのテーマから連想するものをメモ用紙に三つ書きましょう。
③クラスの中で同じものを書いた人の人数が、得点になります。
例えば、「果物」がテーマの場合は、私は、バナナ、りんご、キウイを連想します。正解はないので、思いついたものを自由に書きましょう。

2　ゲームをします

テーマは「甘いもの」です。「甘いもの」から連想するものをメモ用紙に三つ書きましょう。

①ケーキ
②アイスクリーム
③お団子、で決まり！

①チョコレート
②マシュマロ…、
三つ目はどうしよう？

（数人の子どもたちのメモ用紙を確認する。）
みなさん、三つ書けましたか？　同じものを書いた人は手を挙げてくださいね。「ケーキ」を書いた人は何人いますか？

※子どもたちのメモ用紙を見ながら、言葉を挙げていきましょう。

18

（挙手をする。）
はい。

悔しい〜！　書こうか
悩んだんだよね。

（挙手した子どもの数をかぞえる。）
15人なので15点です。15人が同じものを連想したんですね。

やったあ！
15点！

0点かあ。次はどんな
ものが出てくるかな？

［連想した人数が一人だった場合］

Aさん、すごい！　ポイントはありませんが、一人になるのは難しいです。次のゲームは、たくさんの点数がとれそうなものを考えてみてね。

［連想した人数が少ない答えの場合］

○○なんて、おもしろいものを連想したね。楽しい連想ですね。

［連想した人数が少ない答えを探す場合］

連想をしたものが、まだ出ていない人はいますか？　みんなに教えてほしいな。

成功のポイント

● 子どもたちの連想したもの（言葉）をすべて紹介してから、終わりましょう。
● 連想する数を増やすと、難易度が増します。発達段階やゲームへの慣れ具合にあわせて、テーマの内容と連想するものの数を変えましょう。
● 連想した人が少ないものを書いた子どもの勝ちとする方法もあります。競争による勝ち負けより、子ども同士の人間関係を深めることを重視しましょう。

4 低 中 高

★年度当初・学級集会

名前一文字ビンゴ

クラスの友だちの名字の漢字で楽しむビンゴゲームです。

時間 5分　人数 学級全員

準備するもの ビンゴ用紙（236ページをコピーして使いましょう）・学級の名簿

あそび方 ・学級の名簿を活用して、友だちの名字の漢字でビンゴを行います。早くビンゴになった人が勝ちです。

1 子どもたちに説明をします

①ビンゴ用紙の中央に○を書きます。ここはフリーのスペースです。
②残りのマスには、友だちの名字から漢字を選んで書きましょう。名簿を見ていいですよ。
③みなさんに、書いた漢字を発表してもらいます。発表された漢字が縦、横、ななめに並んだら、ビンゴです。
④習っていない漢字も積極的に書いてみましょう。

2 ゲームをします

全部のマスに漢字は書けましたか？　それでは、順番に書いた字を言ってもらいます。発表の仕方は、「私が選んだのは、稲垣さんの『稲』の字です」というように発表してください。

「稲」を書いていた人は、いましたか？　書いていた人は、「稲」を丸で囲みましょう。

やった！　書いてた〜。

稲垣さんを選んだのは同じだったけど、私は「垣」の字を書いた。残念。

名字に同じ漢字がある人がいます。そのときはその漢字が入っている人、全員の名前を言ってください。

「上」の字は、上田さんと上野さん、田上さんにも入っているね。

もし、発表された漢字が自分の名字にあるのに言われなかったら教えてくださいね。

3 ゲームの最後に漢字の練習をします

名字の漢字が取り上げられなかった人は誰だったでしょうか。その人の名前を言ってください。

斎藤さんと渡邊さんです。難しい字だからかな。

では、難しい字なので、みんなで書けるように、私と一緒に練習してみましょう。

※名字が取り上げられなかった子どもが嫌な思いをしないように支援しましょう。

▶ アレンジのポイント

● 名字だけでなく、名前まで含めて文字を選択すると、友だちをよく知ることにつながります。
● ビンゴの中央のマスは、担任の名前の文字を選択すると、難易度が増すとともに、教師と子どものよりよい関係づくりに結びつきます。

5 震源地は誰？
低 中 高

友だちの様子を観察をして、震源地に指名された子どもを当てるゲームです。

時間 5分 **人数** 学級全員 **準備するもの** なし

あそび方 ・回答者以外の全員が、指名された子ども（震源地）の動きを真似します。
・回答者は、みんなが誰の真似をしているか、震源地になっている子どもを当てます。

1 子どもたちに説明をします

①全員が輪になって座ります。
②これから誰かが震源地となって、いくつかの動きをします。
③回答する人以外は、震源地の人の動きの真似をしましょう。
④回答する人は、みんなが誰の真似をしているのか、震源地の人を当てましょう。

2 ゲームをします

震源地を当てる役は、4月生まれの人にします。4月生まれの3人は、廊下に出て合図があるまで待っていてください。

4月生まれの子ども

（廊下に出て行く。）

今回の震源地はAさん、お願いします。教室に残ったみなさんは、Aさんをできるだけ見ないようにして、Aさんの動きを真似しましょう。

早速、練習してみましょう。Aさん、震源地の動きをお願いします。

Aさん

（右手で左の肩を叩く。）
（左手で右の肩を叩く。）
（両手で膝を叩く。）

教室に残っている子ども

（Aさんの動きの真似をする。）

いいですね〜！　では、4月生まれの3人は教室に入りましょう。

準備はいいですか？　4月生まれの3人は、みんなが誰の動きを真似しているか、震源地を当てましょう。　用意、スタート！

Aさん

（右手で左の肩を叩く。）
（左手で右の肩を叩く。）
（両手で膝を叩く。）

教室に残っている子ども

（Aさんの動きの真似をする。）

4月生まれの子ども

震源地は、Aさんだと思うけど、どうかな？

4月生まれの子ども

うん、私もそう思う。

4月生まれの子ども

では、Aさんでいいね。

4月生まれの子ども

せーの。震源地はAさんです。

正解です！　正解した4月の生まれの人、そして震源地をしてくれたAさんに大きな拍手を送りましょう。

▷ **成功のポイント**

● 震源地の動きは基本的に子どもに任せましょう。
● 震源地を当てる子どもは、一人ではなく複数で担当できるように設定すると、協力しながら回答していく楽しさが増します。

数字チャンピオン

設定した数字の中から友だちが選んでいない数字を想定して、ドキドキを楽しむゲームです。

時間 5分 **人数** 学級全員 **準備するもの** メモ用紙（人数分）

あそび方 ・1〜30までの数字のうち、五つ選んでメモ用紙に書きます。
・一人しか選んでいない数字を多く書いた人が勝ちです。

1 子どもたちに説明をします

①1〜30の数字の中から、ほかの人が書かないと思う数字を五つ選んで、メモ用紙に書きましょう。
②私が1から順に数字を言っていくので、その数字を書いた人は手を挙げてください。一人しか選んでいない数字を多く書いた人がチャンピオンです。

2 ゲームをします

最初は1です。1を書いた人は、手を挙げましょう。
（子どもたちが手を上げる。）はい、5人でしたね。残念でした。

（数字を順に言う。）
次は6を書いた人は、手を挙げましょう。

Aさん
はい。

あれっ!?　Aさん一人？

6は、Aさん一人ですね。おめでとう！全員でAさんに拍手を送りましょう。

 （拍手をする。）

 30まであるから、ほかにも一人しか選んでいない数字があるかもね。

 17も一人でした。Bさん、おめでとう！全員でBさんに拍手を送りましょう。

 （拍手をする。）

 チャンピオンは、一人しか選んでいない数字をいちばん多く書いた人ですよ。まだみんなにもチャンスがあります。諦めないでくださいね。

3 アレンジをします

 今度は1～30の中で、数字を三つだけ選んでメモ用紙に書きましょう。選べる数が少ないから、一人しか選んでいない数字が多くなりますよ。

 ［オリジナルのルールをつくる場合］

今度は同じ数字を書いた人が3人だったら、1ポイントというルールでやってみましょう。ほかには、どんなルールが考えられますか？

成功のポイント

● 時間に余裕がないときは、20までの数字の中から一つだけ選択するルールにして、1回取り組むだけでも楽しめます。

● 偶然性があり、数字を発表するたびにドキドキするゲームです。勝っても負けても嫌な思いをしないように、「拍手をする」「『おめでとう』と声をかける」などのルールを決めておきましょう。

7
低 中 高

「はい」「いいえ」クイズ

友だちの質問からカードに書かれている言葉を想像して、回答者が当てるゲームです。

時間 5分 **人数** グループ（4〜6人）

準備するもの クイズの答えを書いたカード

あそび方 ・回答者以外の子どもたちは答えを知ったうえで、回答者に質問します。
・回答者は「はい」「いいえ」の返事をして、周りの反応を見て答えを考えます。

1 子どもたちに説明し、ゲームをします

①回答者のAさんが選んだカードを黒板に貼ります。Aさんはカードの内容を知りません。
②みなさんは、Aさんに質問をしてください。
③Aさんは「はい」「いいえ」しか答えられません。みんなの反応を見て、Aさんはカードの内容を考え、答えましょう。

早速、みなさんはAさんに質問をしてください。Aさんは、みんなの反応を見て、答えを考えましょう。

それは、食べられますか？

Aさん

はい。

えー！

26

それは、Aさんの家にありますか？

Aさん
 はい。 うん。いいなあ。

 食べられなくて、家にあるものなんですね。さらに質問をしていきましょう。

 それは、かわいいですか？ **Aさん** はい。

 だんだん絞られてきましたね。Aさん、わかったら手を挙げて答えましょう。

 ［なかなか答えが出てこない場合］
答えは、Aさんの家にあるもので、かわいくて、食べられないものなんですね。Aさんは毎日触っているんじゃないかなあ。

成功のポイント

- 回答者を増やしても楽しめます。回答者の相談タイムをつくってもよいでしょう。
- 学級全員がカードに言葉に書いて、その中から選んで回答する形式にすると、参加意識がいっそう高まります。また、グループでの対抗戦にするとさらに盛り上がります。
- 子どもの質問が難しいとき、なかなか答えが出ないときは、教師が支援を行い、回答者が不安にならないようにします。最後は正解が出るように、わかりやすいヒントを出しましょう。

8 低 中 高

★学級集会

キャッチでストップ

　ハンカチを手放した間に大きな拍手をし、キャッチしたとき、一瞬で無音になるという雰囲気の変化を楽しむゲームです。

時間 5分　人数 学級全員　準備するもの ハンカチ

あそび方 ・教師がハンカチを投げてキャッチするまでの間、全員で拍手をして、キャッチしたら拍手を止めます。
　　　　・ハンカチをキャッチできずに落とした場合は、ハンカチを拾うまで拍手を続けます。

1 子どもたちに説明をします

①これから私がハンカチを投げてキャッチします。投げたときに、みなさんは大きな拍手をしましょう。キャッチしたらすぐに止めましょう。
②もし、私がハンカチをキャッチできずに落としてしまったら、ハンカチを拾うまで拍手を続けます。
③拍手を止めたあとは誰も声を出してはいけません。できるだけ静かにしましょう。

2 ゲームをします

準備はいいですか？　私の様子を見て、大きな拍手をしてくださいね。
用意、スタート！（ハンカチを投げる。）

（拍手をする。）

（ハンカチをキャッチする。）

（拍手を止める。）

あはは。急に拍手が止んで静かになったので、笑ってしまったよ。

 おかしくても、ぐっと我慢ですよ。では、もう一度やります。拍手のタイミングを合わせて、声を出さないようにね。

3 アレンジをします

 今度は、私に代わって日直の二人にハンカチを投げて、キャッチしてもらいます。

 日直

できるだけ、ハンカチが空中にあるように投げたいね。ハンカチをティッシュにしたらどうかな。

 今度は、私もみなさんと一緒に拍手をしますよ。

成功のポイント

● 子ども同士の距離がとれる場所では、拍手の代わりにみんなで大声を出すようにすると、静かになったときに笑いやすくなります。

● 紙飛行機など、空中に長く浮遊しやすい物を活用すると、さらに楽しくあそぶことができます。

● 笑ってしまったり、声を出してしまった子どもが、嫌な思いをしないようにしましょう。

★学級集会

サイコロ宝くじ

低 中 高

3桁の宝くじの番号を、サイコロを振って当てるゲームです。

時間 5分　人数 学級全員

準備するもの 大きめのサイコロ・メモ用紙（人数分）

あそび方 ・メモ用紙に1〜6までの数字を使って、3桁の数字を一つ書きます。
・教師が出したサイコロの目の数を、たくさん書いていた人の勝ちです。

1 子どもたちに説明をします

①1〜6までの数字を使って、宝くじの3桁の数字を書きましょう。
②私がサイコロを振るので、出た目の数に丸をつけます。
③サイコロは3回振ります。三つ当たれば5点、二つで3点、一つは1点です。合計点数が高い人が勝ちです。

2 ゲームをします

準備はいいですか？　では、1回目です。（サイコロを振る。）
最初は3です。宝くじの番号に3がある人は、丸をつけましょう。3桁の数字のどこでもいいですよ。3に丸をつけてくださいね。

（3に丸をつける。）

2回目にいきますよ。（サイコロを振る。）
6が出ました！

やった、3も6も
当たった！

次が3回目です。（サイコロを振る。）
1が出ました！

では、3回の点数を合計しましょう。三つ当たった人は15点です。15点の
人はいますか？

3 アレンジをします

次の宝くじは、4桁の数字にします。今度は、四つ当たったら5点、三つで
4点、二つで3点、一つで2点、全部外れたら1点です。今度は得点が多
くなりますよ。

［宝くじに当たらなかった子どもには］

宝くじに当たらなかった人もいると思います。でも、その分、次の機会に大
当たりするかもしれませんね。楽しみですね。

※全員が楽しく取り組めるよう声をかけましょう。

［子どもたちにアレンジを提案する場合］

今回は6面のサイコロでしたが、次回はレクリエーション係の人に特別な
多角形のサイコロを作ってもらったり、サイコロの代わりにカードを作って
もらったりしても、楽しいですね。

> ### 成功のポイント

- あそぶ時間に合わせて、数字の数や桁数を変えましょう。子どもたちの意見を活かし
  ながらルールをアレンジすると楽しいゲームになります。
- サイコロを振る役割を子どもが行ったり、グループで挑戦したりすると、子ども同士
  の人間関係を深めることにつながります。
- 数字が当たらなかった子どもが、嫌な気持ちにならない言葉をかけましょう。

10
低 中 高

あるの？ ないの？

教師の言う言葉について、子どもたちが「ある・ない」を判断して拍手するゲームです。

時間 5分　人数 学級全員　準備するもの なし

あそび方
・教師が言う言葉が、あるか、ないかを判断します。
・ある場合には「ある、ある」と言って、拍手を2回します。ない場合には、黙って拍手をしません。

1 子どもたちに説明をします

私が言ったテーマに「ある」と思ったときは2回拍手をしながら、「ある、ある」と言います。ないと思ったときは、拍手はせずに黙っていてください。

2 ゲームをします

テーマは、パン屋さんです。全員立ちましょう。それでは始めます。

食パン。

（拍手をしながら）ある、ある。

あんぱん。

（拍手をしながら）ある、ある。

クリームパン。

（拍手をしながら）ある、ある。

フライパン。　（拍手をしながら）ある、ある。

 パン屋さんには、フライパンはないよ〜！

 間違えちゃった！

 間違えてしまった人は、座って挑戦しましょう。

 間違えても一緒にゲームができて嬉しいな。

 最後まで、立っているのは誰でしょうか。今度は少しスピードを上げますよ。

 最後まで残って立っていた人に、大きな拍手を送りましょう。

成功のポイント

● 子どもたちの実態に合わせて、「ある」の場合は拍手の回数を増やしたり、減らしたりしてもよいでしょう。
● 慣れてきたら、レクリエーション係の子どもたちが進行できるようにすると、楽しい雰囲気になります。
● 間違えても最後まで一緒に挑戦できるように、声をかけましょう。

★誕生日会・学級集会

トレジャーハンティング

低 中 高

宝ものを探す誕生日の子どもを、学級全員でサポートするゲームです。

時間 5分 人数 学級全員 準備するもの バースデーカード

あそび方 ・バースデーカードを宝ものとして、教師が教室内に隠します。
・誕生日の子どもが宝ものを探し、宝ものに近づいたら、ほかの子どもは拍手をして知らせます。

1 子どもたちに説明をします

①主役である誕生日の人には、廊下で待っていてもらいます。
②その間に私が宝ものを教室の中に隠します。
③主役の人が宝ものを見つけられるように、宝ものに近づいたらみんなで拍手をしましょう。

2 ゲームをします

それでは主役のBさん、廊下で待っていてください。

Bさん

（廊下に出る。）　　（宝ものを隠す。）

Bさん、教室に入りましょう。宝に近づいたら、みんなが拍手をして教えてくれますので、頑張って探してください。それではトレジャーハンティングのスタートです！

Bさん

（教室を探し回る。）

宝もののある場所に近づいてきたね。ちょっとだけ拍手をしよう。
（小さな拍手をする。）

もうちょっとで見つかるよ！　大きな拍手をしよう。（大きな拍手をする。）

Bさん

見つけた！

みんなのおかげで宝ものが見つかりました。Bさん、カードに書いてあることを読んでください。

どんなことが書いてあるのかな。

このカードは、誕生日係の人たちが作ってくれました。係の人にも拍手を送りましょう。次回のトレジャーハンティングは、１学期の終わりに行います。6・7月の人の番です。4人いますね。楽しみにしていてください。

▷ **成功のポイント**

● 毎月実施することは難しいので、誕生日の人数を考慮して、数か月ごとに実施すると回数を減らすことができます。

● バースデーカードの作成は、誕生日係が行う場合や希望者で行う場合などが考えられます。全員が公平にカードをもらえるように計画的に作成しましょう。

● 最初の数回はカードの内容を事前に確認しますが、ゲームを繰り返すうちにどのような内容にするとよいか、子どもたちも理解します。少しずつ、子どもたちに委ねていきましょう。

● 子どもの発達段階や個人の特性に応じて、隠す場所を考慮しましょう。

12 思いつくものなあに？

★学級集会

低 中 高

同じ文字で始まる言葉をたくさん書き出し、友だちの豊かな発想を知るゲームです。

時間 5分　人数 学級全員　準備するもの メモ用紙（人数分）

あそび方 ・テーマを設定し、最初の文字が同じ言葉を書き出します。
・1分間で、多くの言葉を書いた人がチャンピオンです。

1 子どもたちに説明をします

①これから私が出すテーマにあった言葉を書きましょう。ただし、最初の文字が同じ言葉を書いてください。
②制限時間は1分間です。できるだけたくさん書きましょう。

2 ゲームをします

最初のテーマは、「生き物」です。最初に「い」がつく「生き物」を、1分間でできるだけたくさん書きましょう。私も書きますよ。それでは、用意、スタート！

犬、いのしし、イカ、イソギンチャク……。（言葉を書く。）

インコ、イタチ、イ……。（言葉を書く。）

1分たちました。それでは、いくつ書けたか、手を挙げてください。三つの人、四つの人、五つの人……。

たくさん書けた人は、どんなものを書いたのかな？　では、いちばん多く書けたAさんに発表してもらいましょう。

[書くことが難しい子どもには]

私が今から、ジェスチャーでヒントを出しますよ。よく見ていてくださいね。

[間違えた答えを書いた子どもには]

テーマは「生き物」なのに、急いで書いたので「いも」と書いてしまいました。私のように間違えた人は1ポイント減点にしましょう。

3 アレンジをします

今日のテーマは、歴史上の人物です。今日は最初の文字は限定しません。1分間で書けるだけ書きましょう。ひらがなでもOKです。

織田信長、豊臣秀吉……。徳川家康。

たくさん勉強してきたなあ。

1分たちました。何人の名前が書けましたか？

アレンジのポイント

●テーマを記入したカードを箱などに入れて、子どもがその中から選んだものを提示する演出も盛り上がります。
●都道府県名や世界の国名などのテーマを取り入れていくことで難易度が上がります。その際、世界地図や日本地図で確認すると効果的です。

13 低 中 高 ★学級集会

3ヒントクイズ

教師が出す3つのヒントをもとに想像して、正解を当てるゲームです。

時間 5分 人数 学級全員 準備するもの なし

あそび方 ・3つのヒントから答えを想像して当てるゲームです。
・歴史上の人物、スポーツ選手、芸能人、動物、食べ物など多くのジャンルから出題します。

1 子どもたちに説明をします

①これからテーマと3つのヒントを出します。
②何のことを指しているのか、考えて答えましょう。

2 ゲームをします

食べ物がテーマです。
ヒント1、赤い実がなります。

何だろう……。

ヒント2、種があります。

スイカかな……?

ヒント3、プランターでも育ちます。わかった人は手を挙げて発表しましょう。

はい、プランターだからトマトだと思います。

はい、正解です。生活科で勉強しましたね。よく覚えていましたね。

みなさんも3ヒントクイズをつくってみましょう。

クイズの例

例1 テーマ　お祭り

・ヒント1
　もとはアイルランドのお祭りです。

・ヒント2
　約2000年以上前に始まりました。

・ヒント3
　かぼちゃが飾られるお祭りです。

答え：ハロウィン

例2 テーマ　歴史上の人物

・ヒント1
　愛知県出身の有名人です。

・ヒント2
　戦国時代に活躍した人物です。

・ヒント3
　最後は謀反され、殺されてしまいました。

答え：織田信長

---

3 アレンジをします

レクリエーション係のみなさんが考えてくれた、3ヒントクイズです。私も一緒に参加させてください。

［答えがわからない場合］

私はよくわかりませんでした。みんなの答えを聞かせてもらいたいな。

成功のポイント

● さまざまなジャンルのカードを用意しておいて、そのカードを子どもに引いてもらい、ヒントを出す形式にすると、盛り上がります。

● 子どもの実態に応じて、3ヒントでわからないときは、さらにヒントを増やしてもよいというルールにすると、楽しいアレンジになります。

● 高度な内容にならないように、誰でも答えられるヒントを考えておきましょう。

14 低 中 高

★休み時間・朝の会や帰りの会

叩いて、擦って

教師の指示で体を動かしながら、決められた動作を行うゲームです。

時間 5分 **人数** 学級全員 **準備するもの** なし

あそび方 ・教師の指示で、全員で同じ動きをするゲームです。動きを変えたり、リズムを変えたり、子どもたちに合わせてアレンジできます。

1 子どもたちに説明をします

①右手で右のももをトントンと叩きます。
②左手で左のももを擦ります。
③私が「はい」と言ったら、手を替えて左手で左のももをトントンと叩き、右手で右のももを擦る動きをしましょう。
④再度、私が「はい」と言ったら、最初の動作に戻ります。

2 練習をします

右手で右のももをトントンと叩き、左手で左のももを擦る動作をしましょう。

なんだ。簡単にできるよ。

今度は反対です。左手で左のももをトントンと叩き、右手で右のももを擦る動きをしましょう。

3 ゲームをします

それでは、始めます。右手で右のももを叩き、左手で左のももを擦ります。

（指示された動作をする。）

はい。

（反対の動作をする。）

いいですね。テンポを速めますよ。はい。

間違えた！ 速くなると難しくなって、どっちの手がどうなるのかわからなくなっちゃうな。

うまくできなかった人は、続きから何度でも参加して挑戦しましょう。

アレンジのポイント

- 子どもの動きと様子を見ながら、教師がテンポを考えてゲームを進めましょう。
- 教師が「はい」と言ったら、一度、拍手をして手を替える、というルールにすると、リズミカルで楽しく活動できます。
- グループ内で教師の役を交代して行うと、子ども相互の人間関係も深まります。

15 低 中 高　★学級集会

ハンカチ取り

ハンカチの両端を親指と小指で挟んで、合図でハンカチを引いて取るゲームです。

時間 5分　**人数** グループ（2〜4人）　**準備するもの** ハンカチ

あそび方 ・二人で向かい合って立ちます。
・ハンカチの両端を互いに片手を使って、親指と小指で挟みます。
・リーダーの「用意、スタート」の合図で互いにハンカチを引いて、ハンカチを取った人の勝ちとなります。

1 子どもたちに説明をします

①隣の席の友だちとペアになります。
②どちらかのハンカチを用意して、向かい合って立ちましょう。

次に、二人でハンカチの両端を片手の親指と小指で挟みます。親指と小指ですよ。お互いに確認しましょう。

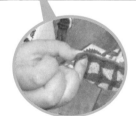

2 ゲームをします

それではいきますよ。用意、スタート！

え、もう取ったの？
早いね。びっくりした。

しっかり力を入れたからね！

相手が親指と小指でちゃんと取っているか、よく確認しましょう。

［一度もハンカチを取れない子どもには］

ハンカチを取れなかった人は、私と一緒に練習してみましょう。勝つコツは、しっかり指で挟むことですよ。

3 アレンジをします

今度は、グループの4人で挑戦してみましょう。人数が多くなると難しくなりますよ。

今度は、少しでも早く取るように頑張ろう。

グループの中で、「親指と人指し指で持つ人」「親指と中指で持つ人」「親指と薬指で持つ人」「親指と小指で持つ人」と、指を変えて挑戦してみましょう。

> **アレンジのポイント**
> ● 立って行うだけでなく、椅子に座ったままの姿勢で行ったり、タオルを使ったりするなど、子どもたちのアイデアを活かして挑戦しましょう。
> ● 人数を変えたり、ハンカチの挟む部分を変えるなど、アレンジも子どもたちと相談して行いましょう。

16 バースデービンゴ

低 中 高

★誕生日会・学級集会

誕生日の子どもを中心として、クラスの誰もが主役になることができるビンゴゲームです。

時間 5分　**人数** 学級全員

準備するもの ビンゴ用紙（236ページをコピーして使いましょう）

あそび方 ・誕生日の子どもの好きなものを、学級全員で当てます。

1 子どもたちに説明をします

①今日はBさんの誕生日なので、Bさんの好きなもののビンゴをします。
②ビンゴ用紙の中央に、Bさんの名前を書きましょう。
③残りのマスには、Bさんの好きなものを考えて書きましょう。

2 ゲームをします

準備はいいですか？　Bさんに、好きなものを一つずつ言ってもらいます。
当たっていたら〇をつけて、早くビンゴになった人の勝ちです。

Bさん

僕の好きな動物は
犬です。

知ってる〜。
犬に詳しいもんね。

Bさん

僕の好きな乗りもの
は船です。

やったー！　夏休みに船で
旅行したって話してくれたよ！

あ〜、忘れてた。

好きな動物、好きな乗りものが出ましたね。まだ出てなくて、Bさんに聞いてみたいものはありますか。

好きな食べものは何ですか？

Bさん
カレーライスです。

やった！

早くビンゴになったCさんとDさんに、誕生日係が作ったメッセージカードをBさんに渡してもらいます。

（誕生日係が作ったメッセージカードを渡しながら）
Bさん、お誕生日、おめでとう。

休みの日が誕生日の人も、日にちを決めて、全員ができるようにしていきましょうね。

［夏季休業中などに誕生日の子どもには］
夏休みや冬休み中などに誕生日の人は、休み明けに一緒にゲームを行いましょう。

アレンジのポイント

● テーマは「苦手なもの」「楽しかった思い出」「好きなあそび」など、誕生日の子どもにテーマを決めてもらうとスペシャルなゲームになります。

● 誕生日の子どもにプレゼントを渡す役割は、ビンゴにならなかった人にお願いするなど、子どもたちと相談して活動を展開しましょう。

● 誕生日の子どもが回答しやすい質問になるように、教師が支援しましょう。

17 都道府県ビンゴ
低 中 高

都道府県の名称をビンゴとして楽しみながら、学習場面にも活かせるゲームです。

時間 5分 **人数** 学級全員

準備するもの ビンゴ用紙（236ページをコピーして使いましょう）・地図帳

あそび方 ・都道府県名でビンゴを行います。全員がビンゴになるまで、取り組みましょう。

1 子どもたちに説明し、ゲームをします

①ビンゴ用紙の中央は、私たちの学校がある「埼玉県」と書きましょう。
②残りのマスには、自分で選んだ都道府県を書きましょう。
③Aさんから順に都道府県を発表してもらいます。
④同じものがあれば丸をつけます。早くビンゴになった人がチャンピオンです。

みんなが書きそうな都道府県を書けば、早くビンゴになるね。

ビンゴになった人が出ましたが、全員がビンゴになるまで続けていきましょう。

全員ビンゴになりました。では、これまでに出ていない都道府県はどこでしょうか。

成功のポイント

● チャンピオンは最初にビンゴになった人ではなく、最後まで残った人にするなど、さまざまな方法があります。子どもたちと相談して決めましょう。

● 毎回同じ都道府県を書かないようにするために、使用したビンゴカードは地図帳などに挟んでおく方法もあります。

● 都道府県名を自分で記入することが難しい子は、地図帳を見て選んでもよいことにしましょう。

18 低 中 高 ★学級集会
漢字ビンゴ

これまで学習した漢字を楽しく振り返ることができるゲームです。

時間 5分 **人数** 学級全員

準備するもの ビンゴ用紙（236ページをコピーして使いましょう）・漢字辞典

あそび方 ・漢字の偏やつくりを限定して、ビンゴを行います。

1 子どもたちに説明をします

①ビンゴ用紙の中央に「さんずい」を書きましょう。
②残りのマスには「さんずい」が使われている漢字を書きましょう。
③なかなか思いつかない人は、辞書を見て選んでもいいですよ。

2 ゲームをします

書いた漢字を発表しましょう。
Aさんからお願いします。

私は、「汗」を
書きました。

「汗」を書いた人は手を挙げましょう。その人は「汗」の字に〇をつけましょう。発表してくれた漢字は、黒板に書いていきますから確認しましょう。

今度は、発表する人に黒板に漢字を書いてもらうので頑張りましょう。

アレンジのポイント

● 早くビンゴになるというゲームの視点だけでなく、全員がビンゴになるまで漢字を出し合うことも大切です。

● 高学年では漢字辞典を使って、未学習の漢字だけで取り組んでもよいでしょう。

第一章 学校内でのあそび─教室

19 〇かな？ ×かな？
低 中 高

年度当初に学級担任と子どもたちの信頼関係を深めるゲームです。学級担任の自己紹介に役立ちます。

時間 5分 **人数** 学級全員 **準備するもの** なし

あそび方 ・「私の好きな〇〇は△△です」と問いかけて、〇×ゲームを行います。

1 子どもたちに説明をします

①「私の好きな〇〇は△△です」と言います。
②〇だと思う人は、頭の上で〇を、×だと思う人は頭の上で×をつくってください。

2 ゲームをします

私の好きなものを、三つ話します。いくつ正解できるでしょう。私の好きな給食のメニューは、焼きそばです。〇でしょうか、×でしょうか。

（〇や×をつくる。）

正解は、〇です。みんなの中で焼きそばが好きな人はいますか？

成功のポイント

● 問題の最後は、子どもたちの好みを聞いて、教師と子どもの関係を深めましょう。
● 中・高学年では、専科教員の問題を出すのもおすすめです。好きな芸能人や好きな色などを前もって聞いておきましょう。担当者への関心を高めます。

20
低 中 高

クラスの思い出ランキング

学級としての思い出を振り返り、その後の活動意欲につなげるビンゴゲームです。

時間 5分 人数 学級全員 準備するもの ビンゴ用紙

あそび方 ・これまでのクラスの思い出を書き出して、ビンゴをします。
・ビンゴになった人がいても、全員の思い出を発表します。

---

1 子どもたちに説明し、ゲームをします

①ビンゴカードの中央は1組と書いて、丸をつけましょう。
②Aさんから順に学級の思い出を発表してもらいます。
③同じ思い出があったら丸をつけます。早くビンゴになった人がチャンピオンです。(子どもたちが発表した思い出は、板書する。)

ビンゴになった人がいますが、みんなの思い出を聞きたいので続けていきましょう。

これで全員のクラスの思い出が出ました。この思い出をランキングにしましょう。この中で、どの思い出がクラスで多いのかな。

1学期思い出ランキングのベスト3が出ましたね。ベスト3は、教室に貼っておきます。2学期もたくさんの思い出をみんなでつくりましょう。

成功のポイント

● 思い出ランキングベスト3は、成果と課題を出し合い、今後の学校生活の充実と向上に役立たせることができます。
● 個人的な思い出も含めると時期を問わず、思い出を出し合うことができます。
● 思い出を振り返るときは、「グループのメンバーは誰だったかな?」「バスレクでは、誰が司会をしてくれたかな?」など、子どもたちの関係を中心に振り返りましょう。

第一章 学校内でのあそび―教室

21
低 中 高

★休み時間・席替えや班替えのあと

合わせて何本？

指だけであそぶことができるので、席替えのあとなどにおすすめのゲームです。

時間 5分　人数 グループ（3〜5人）　準備するもの なし

あそび方 ・リーダーが○の部分に数字を入れ、「せーの、○」のかけ声で親指を立てます。リーダーが言った数と立てた親指の数が当たれば、リーダーは腕を下げます。
・リーダーを順番で交代し、両腕を下げることができた人が勝ちです。

1 子どもたちに説明をします

①グループになって、リーダーを決めましょう。リーダーは順番で交代していきます。
②全員両手をグーにして前に出します。リーダーが「せーの、○」と言うので、かけ声に合わせて残りの人たちは親指を立てます。両手を立てるか立てないか、片手だけ立てるかは自由です。
③リーダーが言った本数と、グループのみんなが立てた親指の数が同じだったら、リーダーは片方の腕を下げます。当たらなかった場合はそのままです。
④同じように、次のリーダーが「せーの、○」と言って、ゲームを続けます。いちばん早く両腕を下げることができた人が勝ちです。

2 練習をします

では、私とゲームの練習をします。AさんとBさん、前に出てきましょう。他の人はよく見ていてくださいね。

まず私がリーダーをします。二人とも両手をグーにして出してください。

せーの、5。
（片手の親指を上げる。）

Aさん

（両手の親指を上げる。）

Bさん

（両手の親指を上げる。）

今、全部で5本上がったから、当たりましたね。私は腕を片方下げます。

こんな感じでやっていきます。では、みんなもやってみましょう！

［負けた子どもには］
このゲームは勝ち負けより、友だちと一緒に笑顔で楽しく行うことが大切ですよ。

縦割り活動でもおすすめです。異年齢での人間関係が広がります。

アレンジのポイント

●慣れてきたら、子どもたち同士でできるようになります。少しずつ人数を増やしてやっていくと、難易度も上がってきます。

22 [低][中][高] ビリビリティッシュ

友だちと協力しながら、ティッシュをちぎったり、つなげたりして、長さを比べ合うゲームです。

[時間] 10分 [人数] 学級全員 [準備するもの] ティッシュ（人数分）

[あそび方] ・1分間でティッシュを細長くちぎり、ティッシュの一本の長さを競います。ティッシュが破れた場合は結んだり、こよりにしたりして、できるだけ長くします。
・個人戦でもチーム戦でも取り組むことができます。

1 子どもたちに説明をします

①1枚のティッシュを手でちぎります。
②ちぎったティッシュを結んだり、こよりにしたりして、一本につなげていきます。
③制限時間は1分間です。どれだけ長くつなげられるかを競争します。

2 練習をします

みなさん、ティッシュを1枚準備してください。ちぎるところから一緒にやってみましょう。

ティッシュを細くちぎっていくのは、思っていたより難しいなあ。

長いティッシュにするには、どうしたらいいのかな？

周りを見て、上手な友だちがいたら教えてもらいましょう。勝ち負けよりも、友だちのよいところを見つけ合うゲームにしましょう。

3 ゲームをします

それでは、本番に入りましょう！ ティッシュの準備はよいですか？ 制限時間は1分間です。用意、スタート！

［破れてがっかりしている子どもには］

破れても大丈夫。結べばいいからね。

Aさんの真似をしたら、さっきより長くできた！

はい、1分たちました。時間です。近くの人と長さを比べてみましょう。

使い終わったティッシュは、割り箸に巻きつけて大掃除で使いましょう。

> **アレンジのポイント**
> - 個人戦やトーナメント戦、チーム戦など、子どもたちの発想を活かすと、より楽しんで取り組むことができます。
> - 係活動や雨の日の室内あそびにもおすすめです。子ども同士のコミュニケーションを大切にしましょう。

23
低 中 高

この言葉はなあに？

4文字の単語を一文字ずつ1枚のカードに書いて、封筒に入れておくと、グループ対抗でいつでも楽しめるゲームです。

時間 5〜10分 **人数** グループ（4人）

準備するもの カード（4枚一組）・封筒・ストップウォッチ

あそび方 ・封筒に入っているカードを並び替えて、単語を完成させます。
・早く並び替えることができたグループの勝ちです。

1 子どもたちに説明をします

①これから「この言葉はなあに？」というゲームをやってみましょう。
②この封筒の中には4枚のカードが入っています。**この4枚のカードを並び替えて、正しい単語を完成させましょう。**
③いちばん早く並び替えられたグループの勝ちになります。

2 練習をします

では、練習をやってみましょう。Aグループの4人、前に出てきてください。ほかの人はよく見ておきましょう。
（Aグループの子どもたちにカードを1枚ずつ渡す。）

Aグループ
私は「し」だわ。

Aグループ
僕は「が」だよ。

Aグループ
僕は「よ」。

Aグループ
私は「う」。何だろう？

Aグループ

わかった！　画用紙だ！　みんな、並んで！

正解です。時間は15秒25でした。

［時間がかかってしまったグループには］

このゲームは時間を競いますが、友だちと仲よく協力して行えていましたね。とても素晴らしいグループです。

> ### アレンジのポイント ▷
>
> ● 慣れてきたら、カードの枚数を増やしたり、子どもがカードをつくって出題したりすることも可能です。
> ● 制限時間を設け、時間内にいくつの言葉を完成できるかという方法にしたり、右のように１枚のカードを切り分けて行ったりすると、より楽しむことができます。

24 船長命令ゲーム

低 中 高

　船長の指示に従ってみんなで同じ行動をすることで、友だちとの一体感を感じたり、間違えたときの楽しさを味わったりするゲームです。

時間 5分　人数 学級全員　準備するもの なし

あそび方
・リーダーが「船長が言いました。〇〇をしましょう」と言います。残りの子どもは、指示に合わせて行動をします。
・「船長が言いました」という言葉がないときに、指示に従ったらアウトです。

1 子どもたちに説明をします

今から船長からの指示を伝えます。**船長が言った指示には従って、船長以外の指示には従ってはいけません。**よく聞いて、行動をしましょう。

2 ゲームをします

準備はいいですか？　船長が言いました。右手を上げましょう。

（右手を上げる。）

右手を下げてください。

（右手を下げる。）
あっ！

（右手を上げたまま。）
船長が言ってないよ〜。

船長からの指示ではなかったので、右手を上げたままの人が正解です。下げてしまった人はアウトです。間違えてしまった人は、次はひっかからないように集中して聞きましょう。

ゲームに慣れると、「両手をまっすぐ上げる」「両手を広げて挙げる」など、細かい指示で楽しむことができるようになります。

[間違えた子どもには]

このゲームは、間違えたことで楽しさやおもしろさが増すので、間違えても大丈夫ですよ。

[多くの子どもが成功している場合]

みなさん、よく船長の指示が聞こえていますね。さすがです。

3 アレンジをします

今度は、船長だけでなく、「社長」と「市長」も登場します。だまされないように気をつけてくださいね。

> **成功のポイント**
>
> ● ゲームに慣れたら、リーダーの役割を子どもに任せてもよいでしょう。その際、子どもを二人以上にすると、船長の指示を誰が言うのかドキドキしながら聞くことになり、聞く力が鍛えられます。

<table>
<tr><td>**25**
低 中 高</td><td>★休み時間・学級集会
チームでヒント</td></tr>
</table>

解答者にヒントを出して、チーム内で協力しながら正解に誘導するゲームです。

時間 10分　**人数** グループ（4〜5人）

準備するもの ホワイトボード、またはスケッチブック・ペン

あそび方
- グループ内で解答者を一人決めます。ホワイトボードに果物や動物など、グループのみんなが好きなものの名前を書きます。
- グループのメンバーは、解答者がホワイトボードに書かれた言葉を当てることができるようにヒントを出します。
- 制限時間内に多く正解できたグループの勝ちです。

1 子どもたちに説明をします

①グループの中で解答者を一人決めましょう。
②グループ内で、みんなが好きなもの（答え）を一つ決めて、ホワイトボードに書きます。これが答えです。
③グループの友だちは、解答者が答えをできるだけ早く当てることができるようにヒントを出します。
④ヒントですから、答えそのものを教えてはいけません。

制限時間は2分間です。いちばん多く答えられたグループの勝ちになります。

2 練習をします

では、練習をやってみます。Aグループの人、前に出てきましょう。私も5人と一緒にやってみます。解答者はAさんです。ほかの人はよく見ていてくださいね。練習なので1分でやってみましょう。

文字数やジャンルを絞るヒントを出すと、答えが出やすくなるかもしれないね。

3 ゲームをします

それでは、本番に入りましょう！　各グループで解答者を決めてください。はじめはBグループからいきます。用意、スタート！

時間です。Bグループは2個答えられましたね！　Bグループは、ヒントをどんどん出していて、すごかったですね。次はCグループ、やってみましょう。

［負けたチームには］

このゲームは、勝ち負けよりも、チームで協力して仲よく活動することが大切です。Bグループは負けてしまいましたが、グループで助け合う姿が素晴らしかったですね。

アレンジのポイント

● 初めのうちや低学年ではテーマを限定するのがおすすめです。例えば「食べ物」などのテーマを決めて取り組むとよいでしょう。
● 慣れてきたら、ほかのチームの子どもが出題すると盛り上がります。

26
低 中 高

連想落とし穴

　連想した言葉を、リズムに合わせて言うゲームです。隠された落とし穴（NGワード）に注意しましょう。

時間 5分　**人数** 学級全員

準備するもの 落とし穴（NGワード）を記入するカード

あそび方 ・テーマに合った言葉を、リズムにのせて発表します。
　　　　　・事前に落とし穴（NGワード）を決めておき、リズムに合わない人や落とし穴を言ってしまった人はアウトです。

1 子どもたちに説明をします

①テーマに合う言葉を、リズムにのせて順番に言っていきましょう。
②前の人が答えたら、手拍子をしながら次の言葉を言います。
③ただし、落とし穴としてある言葉が、カードに前もって書いてあります。
④「リズムに合わない」「前の人と同じことを言う」「落とし穴として書かれた言葉を言う」と、アウトです。

2 練習をします

Aグループのみなさん、早速、練習をしましょう。テーマは「動物」です。私が落とし穴を決めておきますね。
（カードに「ライオン」と書く。）

Aグループ

（パンパンと手を叩く。）
イヌ。

Aグループ

（パンパンと手を叩く。）
ゾウ。

Aグループ

（パンパンと手を叩く。）
サル。

Aグループ

（パンパンと手を叩く。）
ライオン。

（カードを見せる。）
落とし穴～！　今回は「ライオン」が落とし穴でした。リズムに合っていたけど、落とし穴を言ったのでアウトです。

Aグループ
残念～！

アウトになった人は、次の落とし穴を決めましょう。（カードを渡す。）

［リズムに合わなかった場合］

リズムに合わなかったので、Bさんアウトです。ちなみに今回の落とし穴は「水色」でした。

［アウトになった子どもには］

このゲームは、アウトになる楽しさもあります。私もなかなか上手にできません。楽しく参加することが大切です。

成功の**ポイント**

● ゲームへの参加が難しい子どもには、落とし穴の言葉を決めてもらうと学級の一体感が出ます。

● 慣れてきたら、落とし穴の数を増やしたり、手拍子のペースをあげたりすると難易度が上がり、よりハラハラして楽しめます。

● テーマを「〇〇さんのいいところ」と設定し、みんなが言いそうなことを落とし穴にして互いのよさを言い合うと自己肯定感を高めることにつながります。

作文ゲーム

「いつ」「どこで」「誰が」「誰と」「何をした」で文章をつくるゲームです。

時間 15分 　人数 グループ（5人）　準備するもの カード（一人5枚）

あそび方 ・カードの裏に、①～⑤の数字を書いておきます。
　　　　 ・①「いつ」、②「どこで」、③「誰が」、④「誰と」、⑤「何をした」について、一人ずつカード
　　　　 　に書きます。
　　　　 ・つじつまの合わない文章のおもしろさを楽しみましょう。

1 子どもたちに説明をしながら、ゲームをします

今から一人5枚、カードを配ります。カードには、①「いつ」、②「どこで」、③「誰が」、④「誰と」、⑤「何をした」を書きましょう。

（カードに書く。）
①「昨日の朝」、
②「テーブルで」、
③「私が」、
④「お父さんと」、
⑤「みかんを食べた」。

（カードに書く。）
①「土曜日の朝」、
②「スーパーで」、
③「お母さんが」、
④「警察官と」、
⑤「話をした」で、どうかな？

みんな、書けましたか？　グループ内で、①を集める人、②を集める人というように、同じ数字のカードを集めましょう。集め終わったらカードを裏返しにしておきましょう。

①のカードだけ、集めるよ〜。

カードを裏返しにしたまま、今度は①の人から、グループの友だちに1枚ずつ配りましょう。そうすると、①〜⑤のカードが1枚ずつある状態になります。ここまでできたグループは手を挙げてください。

（グループ内でカードを配る。）
①〜⑤まで1枚ずつあるよ。
（挙手をする。）

（全グループが挙手していることを確認する。）
では、表に返して①〜⑤まで読んでみましょう。Aさん、発表してください。

Aさん

昨日の朝、

屋根の上で、

校長先生が

警察官と

仲なおりをした。

配慮が必要な子どもがいたり、特定の子どもの名前ばかり書かれたりすることも考えられます。担任が子どもの様子を見て、適宜内容について声をかけていく必要があります。

おもしろい文章ができましたね。どうして屋根の上で仲なおりしたんだろうね。

成功の**ポイント**

● 「学校でのこと」「夏」「オリンピック」などをテーマにすると、意味が通じる文章になったり、おもしろい文章ができやすくなったりします。

● グループの人数に合わせて、「どこで」「誰が」「誰と」「何をして」「どうなって」「どう感じた」など、書く内容を変えることも可能です。

★休み時間・席替えや班替えのあと

チクタクボーン

グループ内で「チク→タク→チク→タク→ボーン」と、リズムよく、順番に言いながら楽しむゲームです。

時間 5分 人数 グループ（5人以上） 準備するもの なし

あそび方
・グループで一人ずつ「チク→タク→チク→タク→ボーン」と言っていきます。
・次は「チク→タク→チク→タク→ボーン→ボーン」となり、「ボーン」の数を増やします。

---

1 子どもたちに説明をします

①グループになって、リーダーを決めましょう。
②リーダーから一人ずつ順番に「チク→タク→チク→タク→ボーン」と言っていきます。
③次は「チク→タク→チク→タク→ボーン→ボーン」、その次は「チク→タク→チク→タク→ボーン→ボーン→ボーン」となります。回数が増えるごとに「ボーン」の数が増えていきます。最後まで残った人が勝ちです。

準備はいいですか？　何回「ボーン」と言っているか、忘れないでね。

● I 回目

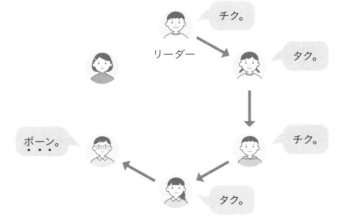

●2回目

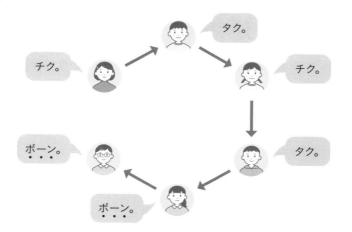

[アウトとなった子どもには]

アウトになっても大丈夫です。みんなで楽しく続けましょう。アウトになった人は、次にスタートする人を指名しましょう。

2 アレンジをします

今度は途中からスピードアップしましょう。つっかえたり、うまく言えなかったりするとアウトですよ。

次は動きを取り入れて、「ボーン」のときはその場で両腕を上げましょう。動きを忘れたらアウトです。

> ### アレンジのポイント
> - 「ボーン」のときの動きは、子どもたちに考えてもらうと盛り上がります。
> - ゲームに慣れたら、次の言葉を言う人を指で示しながら取り組むと、難易度が上がります。

29
低 中 高

★年度当初・学級集会

"〇" がつく好きなもの

友だちの好きなものを知ることで、仲よくなるきっかけをつかむことができるゲームです。

時間 5分　**人数** グループ（4～5人）　**準備するもの** なし

あそび方 ・"〇"の部分に一文字入れて、「"〇"がつく好きなもの」とテーマを出し、1分間でいくつ言えるかを競います。
・子どもたちが話しやすいテーマを選びましょう。

1 子どもたちに説明をします

①今からお互いのことを知るゲームをします。
②**テーマに合わせて、自分のことを1分間で思いつくだけ言いましょう。**
③ぜひ、よく聞いて、みんなのことを知りましょう！

2 練習し、ゲームをします

私がお手本でやってみます。テーマは「"き"がつく好きなもの」。1分間で言えた数をかぞえてください。では、始めます！

ⓚりん、ⓚゅうしょく、がっⓚ、ⓚんぎょ、やⓚとり……。

1分たったよ。先生は10個も言えたね。

どんなテーマだったら、たくさん言えるかなあ。

さあ、今度はみなさんの番です。「"き"がつく好きなもの」をたくさん教えてくださいね。

ようし、頑張るぞ。

かぞえ間違えがないように、グループ内でサポートしながら取り組みましょう。

[うまく言えない子どもには]

人との競争ではないので、ゆっくり考えて言っていいですよ。

3 アレンジをします

これからは、制限時間を30秒にします。何個言えるかな?

アレンジのポイント

● 最初は同一グループで、同じテーマで取り組みましょう。慣れてきたら、グループのメンバーを変えたり、テーマを変えたりして楽しみましょう。繰り返し行うことで、友だちのことを知ることができます。

● 時間制限ではなく、好きなものの数を決めて取り組むと、うまく言えない子どもも参加しやすくなります。

30 低中高 ★休み時間・学級集会

筆談しりとり

静寂の中で友だちの考えやアイデアを知り、かかわりを楽しむゲームです。

時間 5分 **人数** グループ（4〜5人）

準備するもの ホワイトボードとペン（グループの数分）

あそび方 ・ホワイトボードとペンを使って、筆談でしりとりを行います。
・時間内に、多く単語を書くことができたグループが勝ちです。

1 子どもたちに説明をします

①これから「筆談しりとり」というゲームをやります。**「筆談」なので、声を出したり、話したりしてはいけません。**
②ホワイトボードとペンを回していきながら、静かにホワイトボードに書いてしりとりをしていきます。
③制限時間は2分間です。いちばん多く書けたグループの勝ちです。

2 ゲームをします

それでは、本番ですよ。声を出したらいけませんよ〜。用意、スタート！

［ゲームが終わったら］

グループごとに、ホワイトボードを見せながら発表しましょう。

タブレット端末を活用してオンライン上で取り組むこともできます。（「オンラインしりとり」100ページ参照）

> **アレンジのポイント**
>
> ● 文字数を制限したり、動物や食べ物などの条件をつけたりするなど、子どものアイデアを活かしながら楽しく取り組むことができます。

31 低中高 ★休み時間・学級集会

豆移し競争

制限時間内に、箸で移動させた豆の数を競うゲームです。

時間 5分　**人数** グループ（2〜4人）

準備するもの 豆（たくさん）・器（2個）と箸

あそび方 ・器にある豆を箸でつまんで、隣の器に移します。
・時間内に、豆を多く移すことができた人が勝ちです。

1 子どもたちに説明をします

①これから「豆移し競争」をします！
②右の器に入っている豆を、箸を使って左の器に移します。すくうようにするのではなく、一粒ずつつまんで移していきましょう。
③制限時間は1分間。いちばん多く豆を移動できたグループが勝ちです。

2 ゲームをします

もち時間は、一人20秒です。20秒たったら、次の友だちに交代しましょう。準備はいいですか？　用意、スタート！

アレンジのポイント

● 低学年で実施する場合は、箸をスプーンに、豆を小さく切ったスポンジにすると、取り組みやすくなります。

● スプーンやフォーク、定規などの道具を複数用意して、くじ引きで道具が決まる、というルールにするとさらに盛り上がります。

32
低 中 高

同じ言葉はいくつ?

　テーマから連想する言葉を一つずつ書いて、グループ内で同じ言葉が書かれていた数を競う連想ゲームです。

時間 5分　人数 グループ（4〜5人）　準備するもの 紙（人数分）

あそび方 ・テーマから連想した言葉を紙に書いて、グループで同じ言葉を書いた人数を競います。
・「果物」「色」「ゲーム」など、子どもたちが考えやすいテーマを選びましょう。学級全員で行ったり、オンラインで行ったりすることもできます。

1 子どもたちに説明し、ゲームをします

 今から出すテーマに合うものを一つだけ書きましょう。同じものを書いた人が多い班が勝ちです。

 最初のテーマは「赤いもの」です。友だちが考えていることを予想して、書きましょう。

りんご、トマト……、どれを書こうかな。（赤いものを書く。）

 りんごを書きそうだな。（赤いものを書く。）

 では、グループで書いたものを見せ合いましょう。同じものを書いていた人数を言いにきてください。（各グループの代表が結果を伝えに来る。）
4人全員が同じ言葉のグループがありました！　「赤いもの」のテーマは、Aグループの勝ちです。

アレンジのポイント

● 「〇年〇組」「〇〇小学校」というテーマにすると、所属感を高めることにもつながります。

★年度当初・学級集会

私にとって〇〇

紙に書かれていた言葉に対する自分の考えを発表して、互いを理解し合うゲームです。

時間 5分 **人数** 学級全員 **準備するもの** 紙（一人3枚）・箱

あそび方
- 紙に自分の好きなものを一つ書き、箱に入れます。
- 「私にとって」と言って、箱から紙を1枚引きます。書かれていた言葉について自分の考えを発表します。

1 子どもたちに説明し、ゲームをします

①紙1枚に好きなものを一つ書いて、箱に入れましょう。
②紙を引く人の順番を決めたら、**「私にとって」と言って、紙を1枚引きましょう。**
③**引いた紙に書いてある言葉について、自分の考えを言いましょう。**

私にとって……（箱から紙を1枚引く。ナスと書かれている。）
ナスは大好物です。みなさんはナスと書かれていたら、何と言いますか？

私にとって、ナスは苦手な食べ物です。

グループで紙を引く順番を決めて、始めましょう。

> **アレンジのポイント**
>
> ● 全員が紙を引いて話し終えたら、それぞれの友だちのことを振り返りましょう。より詳しく相手のことを知ることができます。
> ● 「私にとって」の部分を「〇〇さんにとって」に変えて、普段の様子から〇〇さんがどのように考えているか、答えを予想する方法もあります。

34 低 中 高 ★年度当初

よろしくジャンケン

　教室で出会った友だちとジャンケンをして、勝った人から自己紹介をします。楽しみながら友だちを知ることができるゲームです。

時間 5分　人数 学級全員　準備するもの なし

あそび方 ・教室内を歩き回り、出会った人とジャンケンをし、勝った人から自己紹介をします。
　　　　　・自己紹介の内容を決めておくと、スムーズです。

1 子どもたちに説明をします

①今からみんなでよろしくジャンケンをしましょう。
②教室内を歩き回って、出会った人とジャンケンをします。
③ジャンケンに勝った人から自己紹介をします。

2 練習をします

Aさん、私とジャンケンをしましょう。

ジャンケン、ポン。　 Aさん

私が勝ったので先に自己紹介をします。自己紹介では、名前、好きな食べ物、好きなあそびについて伝えましょう。

夏目亮介です。好きな食べ物はから揚げで、好きなあそびはドッジボールです。次はAさんの番です。

Aさん

Aです。好きな食べ物はぶどうで、好きなあそびは鉄棒です。

お互いに自己紹介が終わったら、「1年間、よろしくお願いします」など、ひとこと言って移動できるといいですね。

3 ゲームをします

それでは、みんなでやりましょう。クラス全員とジャンケンができるといいですね。

[友だちに声をかけられない子どもには]

ジャンケンをする相手がいないときは、3人でジャンケンをしてもいいですよ。

ジャンケンをしていない友だちを早く見つけられれば、クラス全員とジャンケンできるかもしれませんね。

アレンジのポイント

● 自己紹介の内容を「好きな〇〇」として、〇〇の部分は自分で入れるようにするとその子らしさが出て、楽しく自己紹介ができます。
● 紙を持って歩き回り、ジャンケンに勝った人はサインを書いてもらうというルールを加えて、サイン集めをするとさらに交流が深まります。

35

低 中 高

夏休み思い出バスケット

「フルーツバスケット」「何でもバスケット」を応用したゲームです。夏休みの思い出を共有しながら、みんなで楽しみましょう。

時間 10分　人数 学級全員　準備するもの 椅子（参加人数より1脚少なくする）

あそび方
・椅子を円にして並べ、中央におにが立ちます。
・おにが出したテーマに当てはまる人は、違う場所の椅子に移動します。
・座れなかった人は思い出を一つ発表し、次のおにになります。

1 子どもたちに説明をします

①夏休みを振り返り、おにの人は、テーマを発表しましょう。
②おに以外のみなさんはそのテーマに当てはまっていたら、席を移動しましょう。
③座れなかったら、思い出を一つ話してもらいます。最初は、私がおにをします。

2 ゲームをします

夏休みにすいかを食べた人！　すいかを食べた人だけ、席を移動してください。

（夏休みにすいかを食べた子どもは、移動する。）

Aさんが座れませんでしたね。では、すいかに関する思い出話をしてもらいます。

Aさん

私は、夏休みに庭で家族とすいか割りをしました。割ることはできなかったけど、外で食べたすいかはとてもおいしかったです。

楽しい夏休みでしたね。今度はAさんがおにです。テーマを発表してください。

Aさん

夏休みに自由研究をした人！

（夏休みに自由研究をした子どもは、席を移動する。）

［テーマが見つからない子どもには］

テーマが決まらないのかな？　「飛行機に乗った人」「料理をした人」でも、何でもいいんだよ。

テーマ例

・花火をした人
・プールに行った人
・日記を書いた人
・そうめんを食べた人
・ラジオ体操をした人
・英語を話した人　など

> **アレンジのポイント**
>
> ●「夏休みバスケット！」とおにが言ったら、テーマに関係なく全員が移動するというフルーツバスケットのルールを取り入れてもよいでしょう。
> ●学年によっては、「花火がきれい！」と言ったら男子、「プールが気持ちいい！」と言ったら女子が動くなどルールを加えるのもおすすめです。

36

低 中 高

★休み時間・学級集会・縦割り活動

宝探し探検隊

　「隠す探検隊」と「探す探検隊」の二つのグループに分かれ、教室内に隠された宝を協力して探し当てるゲームです。

時間 15分　**人数** グループ（少人数〜大人数）

準備するもの 宝（教師用のマグネットなど）

あそび方 ・「隠す探検隊」と「探す探検隊」の二つに分けます。
　　　　　 ・「隠す探検隊」が宝を隠し、そのあと「探す探検隊」が宝を探します。

1　子どもたちに説明をします

　これから、クラスを二つに分けます。今日は、1・2列目がAグループ、3・4列目をBグループにします。初めはAグループが「隠す探検隊」、Bグループが「探す探検隊」です。
①「隠す探検隊」が宝を隠す時間は3分です。
②「探す探検隊」が宝を探す時間は5分とします。もし宝を友だちと同時に見つけてしまった場合は、ジャンケンで勝った人のものとします。
③終了1分前になったら、見つけられていない友だちにヒントを教えてもよいことにします。
では、やってみましょう。

※プライバシーの観点から、個人の手提げ袋やランドセルなどに隠すことは避けましょう。

2　ゲームをします

　「探す探検隊」は廊下に出ましょう（その場で目をつぶり、下を向いているなどでもOKです）。その間に「隠す探検隊」は、宝を隠します。

　（「探す探検隊」は廊下に出る。「隠す探検隊」は教室で宝を隠す。）

3分たちました。「探す探検隊」のみなさんは教室に入ってください。では、頑張って探しましょう！　用意、スタート！

探す探検隊
どこにあるかな……。

1分たちました。協力タイムです。見つけられていない友だちにヒントを教えてあげてもいいですよ。

探す探検隊
見つからないなあ。

隠す探検隊
先生の机の周りを探してごらん。

10秒前。9、8、7……。終わりー！　では、見つけられなかった宝がどこにあるか教えてあげましょう。

次はBグループが「隠す探検隊」です。Aグループは廊下に出ましょう。

[活動に消極的な子どもには]
友だちと一緒に探してもいいですよ。「探す探検隊」は、協力して探しましょう。

アレンジのポイント

- 宝を見つけた数や、すべての宝を見つけ出した時間など、ねらいに応じてアレンジすることで仲が深まります。
- 宝は1枚の写真（または絵など）を切り分けたものにして、その写真に載っているものは何か答える形式にすると自然に協力する姿が見られます。

37
低 中 高

★年度当初・学級集会

ジャンケンチャンピオン

二つのグループの先頭同士が自己紹介とジャンケンをするゲームです。

時間 10分　**人数** グループ（少人数〜大人数）　**準備するもの** なし

あそび方
・列の先頭同士が自己紹介をして、ジャンケンをします。
・負けた人は列の最後尾に移動します。勝った人は、新しく先頭になった人とジャンケンをします。

1 子どもたちに説明をします

①二つのグループに分かれて、1列になりましょう。
②先頭の人同士は、最初に自己紹介をします。名前と誕生月を言いましょう。
③ジャンケンをします。
④勝ったら、次の人とジャンケンをします。負けたら、列の最後に並びます。
⑤5分後に列の先頭にいた人がチャンピオンです。

2 ゲームをします

［子どもがジャンケンの時間を調整する場合］

ジャンケンは同じリズムでしましょう。チャンピオンになりたくて、ゆっくりにならないことがルールです。

［一方のグループが一巡した場合］

今度は、好きな給食のメニューを言いましょう。どのメニューが好きかな？

3 アレンジをします

①2回戦の自己紹介は、名前と好きな食べ物を言いましょう。
②音楽をかけるので、音楽が止まったときに先頭の人がチャンピオンです。
1回戦のチャンピオンのAさんが、音楽を止める役です。

[勝ち続ける子どもがいた場合]

Aさんは、相手グループの全員と自己紹介ができました。まだ5分たっていませんが、チャンピオン認定です！　今度は相手グループに入って、ジャンケンをしましょう。

ジャンケンポン！

負けたら列の最後に並びます。

成功のポイント

● 自己紹介の内容を子どもたちと考えると、楽しい活動になります。
● 列のメンバーを変えるなどグルーピングを工夫することで、多くの友だちと交流できます。

38
低 中 高

スーパーモデル

頭の上にのせた本やノートを落とさないようにバランスをとるゲームです。

時間 5分　人数 学級全員　準備するもの ノートなど

あそび方 ・頭の上にノートなどをのせます。一斉に手を離して、最後まで落とさずにいられた人
の勝ちです。

1 子どもたちに説明し、練習をします

ノートを出しましょう。**頭の上に置いて、手を離します。バランスをとって、
落とさないようにしましょう。**

座ったまま練習をします。**練習なので、ノートが落ちたら、何度でも挑戦し
てよいですよ。**頭の上にノートは置けましたか？　用意、スタート！

すぐ落ちちゃった。

最初のノートののせ方が大切なのかも……。

（練習なので、頃合いを見て）
終わり！　今、頭にのっている人に拍手！　やり方はわかりましたか？

2 ゲームをします

それでは、本番です。今度は、立って挑戦しましょう。最後の一人になるまで止めません。誰がいちばん長く頭にのせていられるでしょうか。　用意、スタート！

残ったのは、Aさんです。大きな拍手を送りましょう。

［ノートを落としてしまった子どもには］

惜しかったね。今度は友だちの応援をしましょう。

［すぐに落としてしまう子どもが多い場合］

落としても、すぐにまた挑戦していいですよ。1度でも落とす回数が減るように、頑張りましょう。

アレンジのポイント

● くじで頭にのせるものを決めるなど工夫すると、さらに盛り上がります。

● 片足を上げたり、頭にのせて歩いた歩数を競ったり、リレー形式にしたりしても楽しめます。

81

39 低中高 思い出ジェスチャークイズ

夏休みの思い出を共有したり、1年間のクラスの思い出を振り返ったりするときにおすすめのゲームです。

時間 10分 **人数** グループ（4〜5人）

準備するもの ホワイトボードとペン（グループの数分）・ストップウォッチ

あそび方 ・グループごとにテーマを決めます。
・テーマをもとに、グループごとにジェスチャーでクイズを出します。ほかのグループは、どんな思い出だったのかを当てます。

---

1 子どもたちに説明をします

①これから1年間の思い出を、グループごとにジェスチャーしてもらいます。
②グループごとにテーマを決めて、ジェスチャーで表現しましょう。
③そのジェスチャーを見て、ほかのグループに当ててもらいます。

2 練習をします

練習をします。Aグループにやってもらいます。ジェスチャーをする時間は10秒です。では、用意スタート！

Aグループ

（長縄大会をジェスチャーで表現する。）

今のジェスチャーは、どんな思い出でしょう。答えをグループごとに相談して、ホワイトボードに書きましょう。

Bグループ

運動会かな？
長縄大会かな？

Cグループ

長縄大会だと
思うな……。

Aグループ以外のみなさん、ホワイトボードを出してください。
（ホワイトボードの答えを読み上げる。）
では、Aグループは答えを発表してください。

Aグループ

正解は、長縄大会です！

Cグループ

やったあ！

正解したグループは、１ポイントもらえます。ジェスチャーをしたチームも１ポイントもらえます。

3　ゲームをします

次のBグループはテーマを決めて、クイズを出してください。

Bグループ

１学期の頑張ったね集会でやった、すいか割りゲームはどうかな？　ほかのグループもやるかな？　百人一首大会は、優勝できたからいい思い出だよね。

｜成功のポイント｜▷

● うまくジェスチャーができない子どもには、グループ内で支え合うようにするとともに、見ている子どもたちが応援するように教師が言葉をかけましょう。

● 慣れてきたら、前もってテーマを用意しておき、瞬時にジェスチャーをして、制限時間内に何問当てることができるか競う方法もあります。

● 長期休み明けは、休み中にしたことや自由研究の内容、食べたものなどをジェスチャーにすると、思い出を楽しみながら共有できます。

40 変身ジャンケン
低 中 高

　ジャンケンに勝ったら「へび→かえる→うさぎ→さる→人間」と変身していく、進化系のジャンケンゲームです。

時間 5分　**人数** 学級全員　**準備するもの** なし

あそび方 ・ジャンケンで勝つごとに「へび→かえる→うさぎ→さる→人間」と変身します。
　　　　　・個人戦では、いちばん早く人間になった人が優勝、団体戦では、制限時間内に人間に変身した人数が多いグループが優勝とします。

1 子どもたちに説明をします

ジャンケンで変身していきます。「へび→かえる→うさぎ→さる→人間」とジャンケンで勝つごとに変身するゲームです。最初に人間に変身した人が勝ちです。

2 ゲームをします

へびはへび同士、かえるはかえる同士、同じ生き物とジャンケンをします。最初は、全員へびですよ。相手を探して、ジャンケンをしてください。

ジャンケンポン！

負けた！
へびのままだ！

勝った！
かえるになれた！

へびの人は、へびの友だちを探してジャンケンをしましょう。

3 アレンジをします

 今度は、生き物の姿や動きを体で表現しながらジャンケンをしましょう。

 ［ルールを守ることができない子どもには］

ジャンケンの勝ち負けではなく、変身するというルールを守ってジャンケンすることが大切ですね。

へび

かえる

さる

人間

うさぎ

> ### アレンジのポイント
>
> ●カンガルーなど、ほかの動物を追加してもよいでしょう。学級や集団でルールを決めると、学級文化づくりにつながります。

★休み時間・学級集会

41 腕立てジャンケン

腕立ての姿勢から片手を上げてジャンケンをします。雨の日の体力がありあまっているときなどに効果的なゲームです。

時間 5分 **人数** グループ（2〜3人） **準備するもの** なし

あそび方 ・腕立ての姿勢で向かい合って、片手でジャンケンをします。
・負けたら、腕立ての姿勢で勝った人の周りを1周するなどのルールをつくり、姿勢が崩れるまで戦います。姿勢を長く保つことができた人の勝利です。

1 子どもたちに説明し、ゲームをします

①二人組になり、向かい合って腕立ての姿勢になります。
②そのまま、片手を上げてジャンケンをします。負けたら、腕立ての姿勢で勝った人の周りを1周しましょう。
③どちらかの姿勢が崩れるまで続けます。
④腕立ての姿勢ができなかったら、（なるべくひざを曲げずに）ひざをつけてやりましょう。

ジャンケンポン！

［腕立ての姿勢が難しい子どもには］

両腕はついたままでもいいよ。ジャンケンは声でしましょう。

［ゲームが終わったら］

はい、姿勢を崩さず、勝った人に大きな拍手を送りましょう。頑張った自分にも大きな拍手を送りましょう。

2 アレンジをします

グループ対抗でやってみましょう。
①教室の右端と左端からワニさん（腕立ての姿勢）で歩きます。相手に出会ったら、ジャンケンをしましょう。
②負けた場合は、腕立ての姿勢で勝った人のお腹の下をくぐりましょう。

今日はグループ対抗で「腕立てジャンケントーナメント」を行います。みなさん、強そうなワニさんの姿でジャンケンをしましょう。さあ、最後まで勝ち残るのはどのグループでしょうか。

今度は「ワニ（腕立て）→犬（膝立ち）→アヒル（座ったままつま先立ち）→人間（立つ）」に進化しましょう。負けたら、一つ前の動物に戻ります。

> **アレンジのポイント**
>
> ● 動物の進化の内容を子どもたちと相談して決めると、さらに楽しい活動になります。
> ● ゲームのルールではなく、負けた場合の動きをアレンジする方法もあります。
> ・腕立て伏せを3回する。
> ・腕立てのままジャンプをする。
> ・片足を上げて、次のジャンケンをする。

★休み時間・学級集会

ピンポンキャッチ

ピンポン玉を投げて紙コップでキャッチできた数を、グループで競います。雨の日などにおすすめのゲームです。

時間 10分　**人数** グループ（6〜8人）

準備するもの ピンポン玉（たくさん）・紙コップ（人数分）

あそび方 ・ピンポン玉を投げて、紙コップでいくつキャッチできるか競います。
　　　　　・ワンバウンドでキャッチするなど、ルールを決めましょう。

1 子どもたちに説明をします

①ピンポン玉を投げて、紙コップでキャッチします。
②**1分間で何個キャッチできるか、グループごとに競争します。キャッチできてもできなくても、1球ごとに次の人と交代します。**
③ピンポン玉を投げる人、キャッチする人の順番を相談しましょう。

僕がピンポン玉を投げるよ！

キャッチする人は、背の順にしよう。

役割は決まりましたか？
それでは始めます。

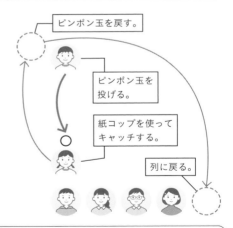

ピンポン玉を戻す。

ピンポン玉を投げる。

紙コップを使ってキャッチする。

列に戻る。

アレンジのポイント

●紙コップの代わりにバケツや袋を使うなど、子どもたちが考える機会をもつと、さらに盛り上がります。

●あらかじめ何回戦行うか決めておくと、作戦が立てやすくなります。

43 空中ティッシュ

低 中 高

　ティッシュを下敷きであおぎ、滞空時間を競うゲームです。グループ対抗で取り組むと盛り上がります。

時間 10分　**人数** グループ（4〜5人）

準備するもの ティッシュまたは、ビニール袋（グループの数分）・下敷き

あそび方 ・1枚のティッシュを下敷きを使ってあおぎます。
　　　　　 ・最後までティッシュが落ちなかったグループの勝ちです。

1 子どもたちに説明をします

①リーダーは1枚ティッシュを用意しましょう。
②ティッシュを持った手を高く上げて、私の「用意、スタート！」の合図で手を離します。
③床に落ちないようにグループで協力して、下敷きであおぎましょう。

2 ゲームをします

用意、スタート！

10秒前！　10、9、8……終わり！　落ちなかったのは、Aグループです。みんなで拍手を送りましょう。

アレンジのポイント

●時間であおぐ担当を変えたり、ティッシュを落とさないようにリレーをしたりとさまざまなアレンジが可能です。

44
低 中 高

順番並びっこ

テーマに合わせて順番に並ぶことで、友だちを知ることができるゲームです。

時間 5分 | 人数 グループ（4〜5人）| 準備するもの なし

あそび方 ・「朝早く起きた順番」「昨日早く寝た順番」など、教師がテーマを出します。
・子どもたちはグループ内で相談して、並びます。

1 子どもたちに説明し、ゲームをします

①私がテーマを発表します。
②グループ内でテーマに合った順番に並んでください。
③最初のテーマは、「誕生日の早い順番」です。誕生日の早い順番に並びましょう。

僕の誕生日は、12月5日だよ。

私は11月18日だから、
私が前に並ぶね。

「友だちに誕生日を覚えてもらえたら、嬉しいですね」など、子ども同士が親しくなる声かけを心がけましょう。

アレンジのポイント

●慣れてきたら、低学年でも子どもが問題を出してもよいでしょう。子ども同士が相談しながら決めるようにします。

●生活班のグループだけでなく、席順（縦や横の列）など、グループを変えることでより多くの友だちとの相互理解につながります。

★学級集会

空き缶スカイツリー

空き缶をいくつ積み重ねることができるか、グループ内で協力するゲームです。

時間 10分　**人数** グループ（4〜5人）　**準備するもの** 空き缶（たくさん）

あそび方 ・空き缶を制限時間内に、できるだけ多く積み重ねます。
　　　　　・いちばん高く積み上げられたグループが勝ちです。

1 子どもたちに説明し、ゲームをします

私の合図で、できるだけ高く空き缶を積み上げていきます。崩れてしまったら、初めからやり直しです。

今日はグループで戦います。一人が空き缶を積んだら、次の人に交代しましょう。

制限時間は、練習であれば
30秒程度、本番は1分ほど
取り組みましょう。

アレンジのポイント

● いろんなサイズの缶を用意して、細い缶なら3ポイントをプラスするなど、難易度に応じて積み上げた缶の合計点を競うこともできます。

● ギネス係などをクラスにつくり、最高記録を表彰すると、子どもたちのよさを認め合う機会となります。

46
低 中 高

★休み時間

「せーの!」で送信

　WEB会議のチャット機能やキーボード入力の練習をしながら、子ども同士がお互いのことを知るきっかけになるゲームです。

時間 10分　**準備するもの** なし

あそび方 ・教師が出す質問の答えをチャット欄に記入し、「せーの!」のかけ声とともに送信します。
　　　　・全員の答えが一斉に表示されるので、見て比べたり、答えの数の多さを競ったりします。

1 子どもたちに説明をします

私が質問をします。みなさんはその質問にチャットで答えましょう。早いもの勝ちではありません。みんなの準備ができたら「せーの!」のかけ声とともに送信します。

2 ゲームをします

最初の質問は、「好きな給食のメニューは何ですか?」です。答えが決まったら、チャット欄に入力してください。全員の準備ができるまで、送信しないで待ちましょう。

やっぱり「カレーライス」だな。

「肉じゃが」がいいけど、「じゃ」って、どう打つんだっけ?

わからないことがあったらミュートを解除して、いつでも質問しましょう。

※子どもたちが質問しやすい空気をつくりましょう。

（十分な時間を取ってから）
みなさん入力はできましたか？

はーい。

それでは、送信してください。

せーの！（送信する。）

3 友だちの答えを見て、比べます

みなさんが送った答えを見てみましょう。
自分と同じ答えがありましたか？

Aさんもカレー。私と同じだ！

Bさんは中華サラダが好きなのか。

いろんな意見が出ましたね。たくさんの人が書いたものも、一人しか書い
ていないものもありますが、どれも大切な一つの意見ですね。

成功のポイント

● 質問は、「好きな教科」「楽しみにしている行事」など、子どもたちが端的に答えやす
い内容を設定しましょう。

● 入力や送信のミスは「よくあること」として認め合い、許し合う雰囲気をつくりましょう。

47
低 中 高

★休み時間

オンライン

よく見て、パン！

　教師の動きをよく見て、両手が重なったときに手を叩きます。ちょっとした気分転換や集中力を高めたいときに行うゲームです。

時間 ＞ 5分　**準備するもの** ＞ なし

あそび方 ＞ ・教師が体の横で伸ばして、両腕を交差させます。交差したときに、子どもが手を叩きます。
・フェイントをかけて失敗を誘ったり、リズムよく手拍子をさせたりして楽しむことができます。

1 子どもたちに説明をします

（横を向いて両腕を前に伸ばす。）
よく見てください。私の右手と左手が重なったときに、1回だけ手を叩きましょう。

2 練習をします

（右手を真横に伸ばしたまま、左手を上から下に動かす。）

（手を叩く。）

上手です。**よく見て、手が重なったときだけ、叩くんですよ。**オンラインなので、タイミングがずれても気にしないようにしましょう。

3 ゲームをします

（何度か繰り返し、交差する直前でピタッと止める。）

（手を叩く。）
わっ！　間違えて叩いちゃった。

あはは。残念でした。今度は集中してよく見て、間違えないでくださいね。

4 アレンジをします

（ゆっくりと、三三七拍子のリズムになるように手を動かす。）

運動会の応援を思い出すね。

（だんだんテンポを速くしていき、最後はずっと両手を重ねたまま拍手のようにする。）
私のために大きな拍手をありがとう。さあ、それでは授業を始めましょう。

楽しみ方のポイント

● 短い時間でも教師の動きに注目させることに役立ちます。「ペンとペンが重なったとき」「パーを出しているとき」など、状況に応じて条件を変えます。

48
低 中 高
私の宝もの

　一人ずつ、家庭にある自分の大切なものを紹介し、質問コーナーやみんなからの拍手で盛り上げます。

時間 15分　**準備するもの** 自分が大切にしているもの

あそび方 ・順番を決め、一人ずつ自分の大切なものを見せながら、「なぜ大切にしているか」「どんな思い出があるか」などについて、自由に発表します。
・発表のあと、友だちから感想や質問を受けます。

1 子どもたちに説明し、例を示します

「私の宝もの」を紹介してもらいます。家にあるもので、みんなに紹介できる「大切なもの」を一つ決めましょう。初めに、私がやってみせます。

私の宝ものは、このデジタルカメラです。なぜ大切にしているかというと、これまでにたくさん家族や友だちの写真を撮ってきたからです。質問や感想はありますか?

いつから使っているのですか?

社会人になってすぐなので、3年前からです。少し高かったのですが、自分へのプレゼントのつもりで買ったものです。

どんなところが気に入っていますか?

コンパクトで使いやすいところです。旅行だけでなく、普段出かけるときにも持っていきます。

2 ゲームをします

私の宝ものは、このクマのぬいぐるみです。大切にしている理由は、私が小さいときにおじいちゃんから買ってもらって、いつも一緒に寝ているからです。

ほかにもぬいぐるみはありますか?

全部で10個くらいぬいぐるみがいますが、このクマがいちばんの宝ものです。

大切な宝ものを紹介してくれてありがとう。ぜひ、これからも大事にしてね。

［自分から説明することが苦手な子どもには］

説明が難しいときは、「質問してください」と言って、みんなに質問してもらいましょう。

成功のポイント

● 「私の宝ものはこの○○です。理由は〜〜です。」など、発達段階に応じて話し方を決めておくとスムーズに進行することができます。

● 人数によっては、小グループに分けて実施するとよいでしょう。その場合でも、最初に教師が全員に向けて例を見せておきます。

● 発表が終わったら、全員で拍手をして雰囲気を盛り上げましょう。

★集会活動

49 早口言葉できるかな？
低 中 高

　教師が紹介した早口言葉を言えるかどうか、チャレンジします。失敗してもみんなで楽しめるゲームです。

時間 10分　**準備するもの** 共有設定をした早口言葉を書いたシート

あそび方 ・教師が早口言葉を紹介します。
　　　　　・子どもはマイクをミュートにしたまま、早口言葉を練習します。言えるようになった子どもからミュートを解除して、友だちに聞いてもらいます。

1 子どもたちに説明をします

いろいろな早口言葉があります。「生麦生米生卵」「隣の竹やぶに竹立てかけた」「あぶりカルビ」……。みなさんは早口言葉が得意ですか？

あぶり、あぶりカブリ……、難しいです。

隣の竹やぶにたてたけたけ……。少し練習したいなあ。

①これから早口言葉を紹介します。
②みなさんは、ミュートのまま何度か口に出して練習してください。
③言えるようになったら、ミュートを解除してクラスの仲間に聞いてもらいましょう。

2 ゲームをします

初めに、この早口言葉にチャレンジしてみましょう。
（画面を共有する。）
うまく言えなくてもいいんですよ。挑戦する気持ちを認め合いましょう。

> **かえるぴょこぴょこ**
> **3（み）ぴょこぴょこ、**
> **合わせてぴょこぴょこ**
> **6（む）ぴょこぴょこ**

早口言葉

①かえるぴょこぴょこ3（み）ぴょこぴょこ、合わせてぴょこぴょこ6（む）ぴょこぴょこ
②赤パジャマ青パジャマ黄パジャマ茶パジャマ
③親ガメ子ガメ子まごガメ、親ガモ子ガモ子まごガモ
④この釘は引き抜きにくい釘だ
⑤買った肩たたき機、高かった
⑥バナナの謎はまだ謎なのだぞ
⑦除雪車除雪作業中
⑧バスガス爆発
⑨空虚な九州空港の究極高級航空機
⑩東京特許許可局の許可局長

（ミュートのまま練習する。）

はい！　言ってみます！　かえるぴょこぴょこ3（み）ぴょこぴょこ……。

> **楽しみ方のポイント**
>
> ●失敗を楽しむ雰囲気も大切です。時には教師が難しい早口言葉にチャレンジして失敗するのもよいでしょう。
> ●いろいろな早口言葉を探して集めることも楽しいものです。子ども同士で早口言葉を紹介し合う活動にもつなげられます。

50 オンラインしりとり
低 中 高

　オンラインファイルの共同編集機能を使って、グループでしりとりを楽しみます。「筆談しりとり」（68ページ参照）に慣れておくと、スムーズに取り組めます。

時間 10分　**準備するもの** 共有設定をした表計算アプリのシート

あそび方 ・あらかじめ表計算アプリのファイルを作成し、共有できるようにしておきます。
　　　　　・グループ内での順番を決め、一人ずつしりとりになる言葉を入力していきます。

1 子どもたちに説明をします

共有したファイルを開きましょう。これを使ってしりとりをします。 1班のシートを見てください。これから私が言葉を入力します。

（1番のセルに「なつ」と入力する。）
このように、わかりやすくひらがなやカタカナで書きましょう。次の人は「つ」で始まる言葉を入力します。点々や丸がつく文字、例えば「ば」とか「ぱ」で終わったときは、「は」から始めてもいいことにします。

	A	B
1		1班
2		ことば
3	例	しりとり
4	1	なつ
5	2	
6	3	
7	4	

2 みんなでシートを開き、順番を決めます

班ごとにシートを用意しました。**自分の班のシートを開きましょう。**今日は「名前の順」にします。

私は2班だから2班のシートだな。名前の順だから、私が最初になるんだ。

3 ゲームをします

5分間でしりとりをしましょう。時間になったら、ほかの班のシートを見てみましょう。用意、スタート！

私たちの班は20個まで書くことができたよ。

22個書いた3班が、いちばん多いみたいだな。

間違ってほかの班のシートを編集してしまったときには、「元に戻す」を押しましょう。

	A	B	C	D	E	F
1		1班				
2		ことば	ルール			
3	例	しりとり			・ひらがな、カタカナで書く ・「ん」で終わったら負け ・てんてんやまる（ ゛、 ゜）はつけなくてもよい ・小さいゃゅょは1文字	
4	1	なつ	自由			
5	2	つくし				
6	3	しまうま				
7	4	まつり				
8	5	りす	2文字			
9	6	すぎ				
10	7	きた				
11	8	たけ				
12	9	けんだま	4文字以上			
13	10	まつりばやし				

> ## 楽しみ方のポイント

● 隣の列にルールや条件を書いて、「条件つきしりとり」ができます。「○文字以上」や「学校にあるもの」などの条件を加えて楽しみます。

● ファイルの共有や共同編集の機能の活用や、文字入力の練習として楽しみながら学ぶことができます。

51 ★休み時間 オンライン

カラーハント

　教師が指定した色のものを、家の中から探して持ち寄ります。全員が同時に参加することができ、思いもよらないものが登場すると盛り上がるゲームです。

時間 15分　**準備するもの** なし

あそび方
・教師が指定した色のものを制限時間内に持ち寄り、画面に映してみんなに紹介します。
・教師が注目するものを取り上げたり、子ども同士で持ち寄ったものを比べたりして楽しみます。

1 子どもたちに説明をします

これから私が言った色のものを、家の中から探して持ってきてもらいます。
制限時間は1分間です。いろいろなものが集まると楽しいですね。

2 ルールを確認します

もし私が「白!」と言ったら、みんなはどんなものを持ってきますか?

消しゴムです。消しゴムのゴムの部分は白いです。

家には白いタオルがたくさんあるので、それを持ってきます。

3 ゲームをします

それでは最初は「赤」です。家の中にあるもので「赤いもの」を持ってきましょう。1分たったら知らせますので、見つからなくてもコンピュータの前に戻ってきましょう。用意、スタート！

（一人ひとりが赤いものを探して持ち寄る。）

1分がたちました。持ってきたものを画面共有で見せ合いましょう。

私のランドセルは赤です。

この赤いTシャツは僕のお気に入りです。

にんじんを持ってきたけど、オレンジ色かなあ。

みなさん、いろいろな赤いものが見つかりましたね。にんじんも、画面越しには赤く見えますよ。家の中の隅々まで探したことがよくわかります。

> **アレンジのポイント**
>
> ● 色だけでなく、形（四角いもの、細長いもの）や触感（固いもの、柔らかいもの）を指定しても楽しい活動になります。
> ● 中・高学年では、「赤くて丸いもの」「白くて柔らかいもの」など、テーマを組み合わせることで難易度が上がり、いろいろなものを持ち寄るきっかけになります。

52 スーパーズームクイズ

★休み時間

52 低中高

スーパーズームクイズ

　カメラを使ったクイズです。カメラにぴったりとくっつけたところからだんだんと離していき、それが何かを当てます。

時間 10分　**準備するもの** クイズの問題になるもの

あそび方 ・「これな〜んだ?」と言いながら、教師が出題するものをカメラにぴったりつけます。
　　　　・出題するものをカメラから少しずつ離していくと、答えがわかりやすくなります。

1 子どもたちに説明をします

これから、あるものをみなさんに見せます。**みなさんは、それが何かわかったら答えましょう。**

2 ゲームをします

はい。これな〜んだ?
(カメラにぴったりつける。)

近すぎて見えないよ。

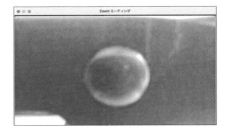

ピントが合わないから、ぼやけて見えないな。

それでは、少しずつ離していきます。

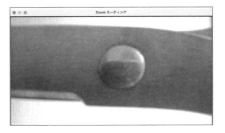

だんだん見えてきたぞ。

こんな部分もありますよ。

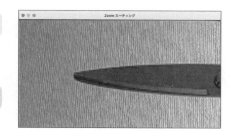

わかった！　はさみです。

正解は「はさみ」です。今のように、わかったところで答えを言ってください。

次はみんなから問題を出してもらいます。問題を出したい人はいますか？

[うまく映すことができない子どもには]

最初は、思いきって近づけましょう。心配しなくても大丈夫。カメラからゆっくり離せば、ちゃんと映りますよ。

> **成功のポイント**
>
> ● カメラの位置を確認しておき、思いきって近づければカメラをオンのまま出題することができます。
> ● しばらく静止したり、別の部分だけを映したりすると、さまざまな答えが出て盛り上がります。

ジェスチャークイズ

マイクをミュートにして、いろいろなものをジェスチャーで表します。ほかの友だちは何のジェスチャーをしているのかを当てるゲームです。

時間 15分　準備するもの なし

あそび方
・子どもたちが、ジェスチャーで順番に出題し合います。
・小グループに分かれて、自己紹介を兼ねて行うこともできます。

1 子どもたちに説明し、例を示します

ジェスチャーとは、身振り手振りで相手に伝えることです。**これから私の「好きなこと」について、ジェスチャーをします。**みなさんは私が何をしているのか、考えてください。

（右手を振りかぶってから振り下ろす。）
（両手を揃えて体を回転させる。）
（走る真似をして両手を大きく横に広げる。）

走ってる。スポーツかな？

わかった！ 野球だ。

正解です。みんなの中にも野球が好きな人はいますか？

成功のポイント

● 「好きなあそび」「得意なこと」など、子どもの身近なテーマで取り組みましょう。
● 答える人は、挙手をして指名されてから答える、などのルールを決めておいてもよいでしょう。

<table>
<tr><td>54
低 中 高</td><td>★休み時間</td><td>オンライン</td></tr>
</table>

お絵かきしりとり

オンラインツールのホワイトボード機能を使って、グループでお絵かきしりとりを楽しみます。

時間 15分　**準備するもの** ホワイトボード

あそび方
・ホワイトボードを共有し、誰でも編集できるようにします。
・グループで順番を決め、絵でしりとりをします。

1 子どもたちに説明をします

 これからグループに分かれた部屋でお絵かきしりとりをします。グループのリーダーが画面を共有してホワイトボードを表示しましょう。まず全体で練習します。

 まず、私がホワイトボードを表示します。
（絵を描く。）これは何でしょう。
……「なす」です。本番は、言葉で言ってはいけません。続きを書いてくれる人はいますか？

 私が「す」から始まるものを書きます。
（すいかを描く。）

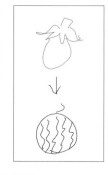

 ルールはわかりましたか？　それではグループに分かれてやりましょう。わからないときは、パスをしたり、ほかの人が助けたりしてください。みんなで楽しむことが目的です。

楽しみ方のポイント
●ホワイトボードの内容を保存しておき、グループごとに発表してもよいでしょう。
●グループ内で協力して時間内にいくつの絵をつなげることができるかなど、ルールを工夫して楽しむこともできます。

第一章　学校内でのあそび─教室

★休み時間

ジャンケンポン！　ポン！

　「あと出しジャンケン、ジャンケンポン！」という教師のかけ声のあとに、子どもたちが「ポン！」と言い、教師に勝つようにジャンケンをするゲームです。

時間 10分　**準備するもの** なし

あそび方 ・慣れてきたら、子どもに先生役を任せるのもおすすめです。
　　　　　・「負けるが勝ち」など、アレンジも可能です。難易度は「あいこ→勝ち→負け」の順に高くなります。発達の段階に合わせて取り組みましょう。

1 子どもたちに説明をします

　「あと出しジャンケン」をします。私が**「あと出しジャンケン、ジャンケンポン！」**と言って手を出すので、みなさんはそのあとで**「ポン！」**と言って、私に**勝ってください**。「ジャンケンポン！　ポン！」のリズムです。

2 ゲームをします

あと出しジャンケン、ジャンケンポン！
（チョキを出す。）

ポン！

グーを出した子ども
やった〜！

チョキ・パーを出した子ども
間違えた〜！

成功のポイント

● 指示を聞く姿勢を認めたり、「わざと負けてくれた人もいるみたい。やさしいね」と声をかけたりして、全員が楽しめるように心がけましょう。

● みんなで同じものを出せたときは「オンラインでも、みんなの気持ちが一つになったね」と大きく取り上げて褒めましょう。

56
低 中 高
長縄ジャンケン

長縄を跳びながらジャンケンをして、どれだけ勝ち続けることができるかを競うゲームです。

時間 10分　**人数** 学級全員　**準備するもの** 長縄

あそび方
・長縄の両端から一人ずつ縄に入り、ジャンケンをします。ジャンケンに勝った方は残り、何人勝ち抜けるかを楽しみます。
・最初は縄に入るタイミングを合図してもよいでしょう。

1 子どもたちに説明をします

二人で向かい合うように長縄に入り、ジャンケンをします。**勝った方はそのまま残り、負けた方は縄から出ましょう。引っかかったときは、もう一度トライできるので安心してくださいね。**

2 長縄に入るタイミングと抜けるタイミングを確かめて、ゲームをします

長縄が地面についたタイミングで入りましょう。

長縄から抜けるときは、左斜め前に抜けるようにしましょう!

楽しみ方のポイント

● 縄に入るのが難しい子どもには、足元に縄がある状態から回したり、大波小波にしたりして配慮をしましょう。学級全員が楽しめるように、ルールを工夫することが大切です。

● 慣れてきたら体を使ったジャンケンに挑戦してみてもよいでしょう。

57
低 中 高

Sケン

片足ケンケンをしながら、仲間と力を合わせて相手の陣地にある宝をめざすゲームです。

時間 10分 **人数** 学級全員 **準備するもの** ラインカー・ミニカラーコーン

あそび方
・地面に大きなSの字を書きます。2チームに分かれて、それぞれの陣地の奥に宝（ミニカラーコーン）を置きます。
・先に宝を取るか、相手チームを全員アウトにした方の勝ちです。

■ 子どもたちに説明をします

①**片足ケンケンで相手チームの陣地を攻めに行き、宝を取りましょう。**
②**相手チームと出会った場合は、手押し相撲で戦います。**
③両足をついてしまったらアウトです。陣地に出入りできる場所が決まっているので気をつけましょう。なお、自分の陣地ならば両足をつけることができます。

●コートのイメージ

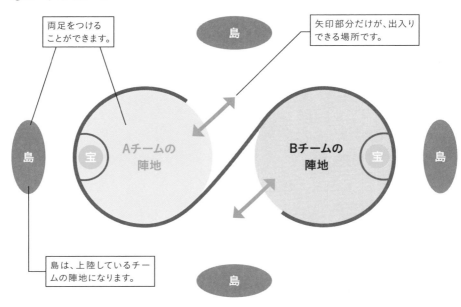

両足をつけることができます。

矢印部分だけが、出入りできる場所です。

島

Aチームの陣地

宝

Bチームの陣地

宝

島

島

島

島は、上陸しているチームの陣地になります。

2 ゲームをします

用意、どん。

僕が相手と手押し相撲しているから、その隙に宝を取って！

わかった！

3 アレンジをします

S字の周りに小さな島をつくりました。この島の中は両足をついてもアウトにはなりません。この島の中から、宝を狙うチャンスを待とう！

危なかったー！　島のおかげで助かった！

ルールを守って安全に楽しくできましたね。手押し相撲で倒れてしまった相手にやさしく手を差し伸べているAさんはとても立派だと思いました。楽しく遊ぶことが大切なので、倒れた友だちには、声をかけていきましょうね。

> ### 成功のポイント

● S字の周りに島（両足をついてよいゾーン）をつくると、作戦を立てやすくなります。

● 運動が苦手な子でも活躍できるチャンスが広がるように、工夫してあそぶことができます。

● 片足ケンケンが難しい子どもは両足でジャンプするなど、子どもたちと話し合って独自のルールをつくりましょう。相手のことを思い、話し合う力が身につきます。

58 低中高 ★学級集会・縦割り活動
新聞紙で川渡り

チーム対抗で取り組むことによって、協力したり、励まし合ったりすることができるゲームです。

時間 10分 **人数** グループ（3〜4人）

準備するもの 新聞紙（1グループ2枚）

あそび方 ・2枚の新聞紙を使って、グループで新聞紙に乗り移りながらゴールに向かいます。
・子どもに作戦を任せるのもおすすめです。

1 子どもたちに説明をします

4人でグループをつくります。2枚の新聞紙を使って、川を渡りましょう。新聞紙1枚に4人乗り、もう1枚を前へ置いて乗り移りながら進みます。全員が川を渡り終えたチームが勝ちです。

2 練習をします

 新聞紙から落ちたり、破れたりしたらスタートに戻ります。新聞紙は新しいものに取り替えましょう。

 慌てると、新聞紙が破れてしまうね。

 渡り終わったら、座って待ちましょう。

3 ゲームをします

 準備はいいですか？　用意、どん！

 私が新聞紙の前方に乗るから、次の新聞紙を置くね！

 勝ち負けも気になるけれど、お互いに役割を決めたり励まし合ったりしているところが素晴らしいね！

> **あそび方のポイント**
>
> ● 新聞紙を置く位置をペアやグループで相談すると、よりコミュニケーションが深まります。
> ● あそびの中で「どれだけ関わりをもとうとしたか」という視点で褒めましょう。

59 へびジャンケン
低 中 高

運次第で誰でもどんどん勝ち進むことができ、何度でも挑戦できるジャンケンゲームです。

時間 15分　**人数** グループ（少人数〜大人数）

準備するもの ラインカーまたは、長縄

あそび方・二つのチームに分かれ、線の両端から一人ずつ線の上を歩きます。お互いが出会ったらジャンケンをして勝った方はそのまま線を進みます。
　　　　・相手チームのスタート位置までたどり着いた方が勝ちです。

1 子どもたちに説明をします

①二つのチームに分かれて、**スタート位置から線で描かれたコースに沿って走ります。**
②**相手チームに出会った場所でジャンケンをして、勝った人はそのまま線の上を進んでいきましょう。**負けた人は「負けた！」と宣言して、次の人にすぐ走ってきてもらうようにしましょう。
③**相手チームの陣地に入れたチームの勝ちです。**

2 ゲームをします

 準備はいいですか？　用意、どん！

 （それぞれのチームから走ってきて）
ジャンケンポン！

 あっ、負けたー！　　勝った！　進むよ〜！

 ［負けが続いた子どもには］

負けることが続いても、何度でも挑戦できるので、頑張って参加しましょうね。

 ［ゲームが終わったら］

Aさんのやる気と勢いが勝利につながりましたね！　待っている人たちの応援もとても素晴らしいね。

3 アレンジをします

 今度は大きなへびのように、ぐねぐねしたコースにしますよ。

> **成功のポイント**
>
> ● スタート位置から1mほどのところに印をつけ、防衛ラインをつくります。「防衛ラインの内側に入れたら勝ち」というルールにすると勝敗がはっきりします。
> ● 長縄をつないでコースをつくっておくと、コース変更が簡単です。

60 低中高 だるまさんの1日

★学級集会・縦割り活動

「だるまさんがころんだ」を発展させた内容です。おにが指定した動きをみんなで演じて楽しむゲームです。

時間〉15分　人数〉学級全員　準備するもの〉なし

あそび方〉・おには「だるまさんが○○をした」と言います。おに以外の子どもたちは、おにが指定した動きをします。おににタッチをしたら、おにから離れ、おにに「ストップ」と言われたら止まります。
・おににいちばん近い子どもが「大股○歩」とおにに指示を出し、タッチされたらおにを交代します。

1 子どもたちに説明をします

まず、おにを一人決めます。**振り向くときにおにがある動きをするので、みんなはおにと同じ動きをしましょう。**また、おにがこちらを見ていない間に、近づきましょう。

2 ゲームをします

最初に私がおにをやります。**みなさんは私と同じ動きをしましょう。**

（子どもたちに背を向けて）
だるまさんが…

（ゆっくりとおにに近づく。）

（振り向いて、ラーメンを食べる動きをする。）
ラーメンを食べた。

（足を止め、おにと
同じ動きをする。）

みんな、同じ動きができているね。どんどん続けるよ！

3 アレンジをします

今度のおには、動きを指示するだけです。みんなはその場で立ち止まって、指示された動きをしましょう。

（子どもたちに背を向けて）
だるまさんが…

（ゆっくりとおにに近づく。）

（振り向いて）
熱いお茶を飲んだ。

（足を止め、お茶を飲む
動作をする。）

Aさん、熱いお茶を
一気に飲むのはやけどしそうだね。でも、とてもおもしろいね！

楽しみ方のポイント

● 動きの細かさではなく、「自分なりに考えておもしろい動きができているね！」と一人ひとりの違いを認める声がけをしましょう。
● 動きは、「犬になった」「野球をした」「昼寝をした」「料理をつくった」「本を読んだ」「勉強をした」「朝のあいさつをした」など、何でも楽しめます。

★学級集会・縦割り活動

伸び〜るけいどろ

「警察（おに）」と「泥棒（逃げる人）」に分かれた鬼ごっこのゲームです。捕まった泥棒同士が手をつなぐことで、一度にたくさんの泥棒が逃げることができます。

時間 15分　人数 学級全員　準備するもの なし

あそび方 ・警察と泥棒を決めます。警察にタッチされた泥棒は、決められた場所（牢屋）に行き、捕まった人同士で手をつなぎます。
・まだ捕まっていない泥棒は、捕まった仲間の手をタッチして切り離します。切り離された泥棒は逃げることができます。

1 子どもたちに説明をします

まず、泥棒と警察に分かれます。**警察は泥棒を捕まえに行きます。**泥棒は警察に捕まったら、牢屋で仲間の助けを待ちましょう。

2 ルールを確認します

始める前に、泥棒が捕まったあとの動きを確認しましょう。捕まったら、泥棒同士で手をつなぎます。まだ捕まっていない泥棒は、捕まった泥棒の間をタッチして、仲間を助けましょう。

（手をつないで、体を伸ばす。）

泥棒は、どうすればたくさんの仲間を助けることができるかな？

できるだけ、牢屋に近い泥棒にタッチします。

 そうだね！　牢屋に近い泥棒をタッチして、警察から助けようね！

3 ゲームをします

 みんなの中で警察役を決めて、あそびましょう。

 捕まっても、諦めずに手を伸ばして助けを呼ぼう！

泥棒

警察

牢屋

警察の目をかいくぐって、捕まっている友だちをたくさん逃がした子を称賛しましょう。

楽しみ方のポイント

● 警察に捕まった低学年は、なるべく牢屋から遠いところで手をつながせてもよいでしょう。逃げやすくする工夫をすると、どの学年も楽しむことができます。

● 手をつなぐことに抵抗がある子がいる場合は、ラップの芯やバトンなどを使い、直接手をつなぐ必要がないようにしましょう。

62 低中高 ★学級集会・縦割り活動
王様ドッジボール

　チーム内で決めた秘密の王様を、相手にわからないように守りながら楽しむドッジボールです。

時間 15分　**人数** 学級全員　**準備するもの** ボール

あそび方 ・お互いのチームから王様を一人決めます。相手チームには誰が王様なのか、知られないようにします。
・ボールが王様に当たった時点で終了です。王様を当てたチームの勝ちです。

1 子どもたちに説明をします

　このドッジボールは、**相手チームの王様を当てたら勝ちです。**

2 王様を決めます

　それぞれのチームで王様を一人決めましょう。王様が決まったら、相手チームに知られないように私に教えてください。

　王様、誰にしようか。

　低学年の子にしたら、みんな守ってくれそう。

　すぐに王様が当てらないようにするには、どうすればいいかな。

相手がわからないように王様
を守ります。

そうだね！　王様を守る人数
や声かけに注意しよう！

3 ゲームをします

それでは、王様ドッジボールを始めましょう。

Aチーム
王様は1年生の○○さんじゃない!?

Bチーム
ボールを取らないで、ずっと避けている○○さんが王様なのかな？

成功のポイント

● 王様ドッジボールの説明をする前に、クラスや学年でドッジボールのルールを事前に確認し、子ども同士で共有しておきましょう。

● 低・中・高学年で一人ずつ王様を決めると、王様を探すのにチーム内で話し合ったり、低学年の王様を守ったりするなど、交流が見られるようになります。

● どの学年も楽しめるようにルールを決めておきましょう。
・高学年は利き手と逆の手で投げる。
・低学年は2回当たったら外野に行く。
・ボールを転がす。
・柔らかいボールを使う。

63 しっぽ取り

★学級集会・縦割り活動

低中高

チームで作戦を立てて、相手チームのしっぽ（タグ）を集めるゲームです。

時間 15分　**人数** グループ（少人数〜大人数）　**準備するもの** タグ（人数分）

あそび方 ・腰にタグをつけ、相手のタグを多く取ったチームの勝ちです。

・2チームに分かれ、相手のタグを取ります。また、自分のタグが取られないように気をつけます。

1 子どもたちに説明をします

最初にタグを腰につけます。そして、**相手チームのタグを取りに行きます。**取ったタグの多いチームが勝ちです。

2 タグの取り方を練習します

タグの取り方を練習しましょう。腰にタグをつけます。

二人一組でタグを取り合ってみましょう。

やった！取れたぞ！

Aさん、腰を引いてタグを取られないようにしている！

姿勢を低くして、取られないような工夫ができてるね！　取られないようにする方法や、タグをうまく取るコツに気づいたら、チームの友だちと共有しましょう。

3　ゲームをします

今度は、2チームに分かれてタグを取り合いましょう。スタート！

相手がAさんのタグを取ろうとしているうちに、僕も後ろから取ろう！

1年生が取られそう。助けに行こう！

[ゲームが終わったら]

いちばん多くタグを取った、Cチームの勝ちです！

勝っても負けても、よく頑張った全員に大きな拍手を送りましょう。

> **楽しみ方のポイント**
> ● タグを取る際に体ごと引っ張られて転倒する場合があるので、無理に取らないように指導します。また、体には触れないように指導しましょう。
> ● 縦割りで取り組む際は、上学年と下学年でペアをつくり、練習するとよいでしょう。また、下学年はタグを増やす、上学年はタグを減らすなど、タグの数を変えると全員が楽しむことができます。

64
低 中 高

★学級集会・縦割り活動

ところてんおに

「おに」「逃げる人」「ペアで座る人」の役割が、ところてんのように変わる鬼ごっこです。

時間 15分 **人数** 学級全員 **準備するもの** なし

あそび方
- 「おに（2〜3人）」「逃げる人（3〜5人）」「ペア」にわかれます。
- 「逃げる人」は「ペア」の右側に座ります。「ペア」の左側の人が押し出され、「逃げる人」になります。「逃げる人」はまた別のペアの右側に座りましょう。おにに捕まったら、おにの交代です。

---

1 「おに」「逃げる人」「ペア」を決めます

最初におにを二人決めます。逃げる人は三人です。残りの人はペアをつくって座りましょう。

2 説明をしながら、ゲームをします

①逃げる人は、おにに捕まらないようにペアで座っている人の右側に座ります。
②ペアの左側の人は、ところてんのように押し出されて、逃げる人になります。
③新しく逃げる人になったら、まだ変わっていないペアを探しましょう。

ペア、見つけた！

逃げなきゃ！

① ②

●コートのイメージ

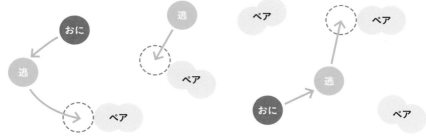

逃げる人

あのペアのところに行って、右側に座ろう。

反対側の人は、押し出されました！　逃げましょう。

逃げる人

捕まる前に次のペアのところに行こう!!

ペア

私たちのペアは、まだ変わっていないからここに座って！

[ゲームに慣れてきたら]

まだ一度も変わっていないペアを探してね。いろんな人とペアを組んで仲良くなろう！

楽しみ方のポイント

● 異学年のグループでは自己紹介をしたり、会話をしたりする時間をつくると、より交流ができるようになります。
● 「逃げる人」が左右どちらでも座ることができるルールにすると、緊張感が生まれます。

65
低 中 高

★学級集会・縦割り活動

はないちもんめ

二つのチームに分かれて、わらべ歌をうたいながら体を動かす楽しいあそびです。

時間 15分　人数 グループ（少人数〜大人数）　準備するもの なし

あそび方
・横一列に並び、手をつなぎます。相手チームと向かい合ったらゲームスタートです。
・ジャンケンに勝ったチームからうたいます。両チームがうたったら、相手チームのほしいメンバーを相談し、自分のチームのメンバーを増やします。

1 子どもたちに説明し、ゲームをします

①同じ人数でグループをつくり、手をつないで横一列になります。
②ジャンケンをして、勝ったＡチームはうたいながら、前に進みます。
③ジャンケンで負けたＢチームは後ろに下がります。
④歌詞の「め」の部分で、片足を上げましょう。

Ａチーム

勝って嬉しいはないちもんめ〜♪
（うたいながら前に進む。）

Ｂチーム

（後ろに下がる。）

次にBチームは、うたいながら前に進みます。Aチームは後ろに下がりましょう。

Bチーム
負けて悔しいはないちもんめ〜♪
（うたいながら前に進む。）

Aチーム
（後ろに下がる。）

うたい終わったら、グループごとに分かれて、相手のチームの誰を仲間にするか相談して決めましょう。仲間にしたい友だちが決まったら列に戻り、先ほどと同じように動きながら名前を言って指名します。

Aチーム
（Aさんの名前を言う。）

Bチーム
（Bさんの名前を言う。）

呼ばれた二人は前に出て、ジャンケンをしましょう。負けた子は、ジャンケンに勝ったグループに移動をします。ここまでをくり返して、自分のチームの人数を増やしながらあそびます。

▶ **成功のポイント** ▶

● 何度も同じ子どもが呼ばれていないか注意しながら、必要に応じてさりげなく声をかけましょう。「中・高学年から一人ずつ呼ぶ」などのルールをつくる方法もあります。

● どちらかのチームに誰もいなくなるまで続けることもできますが、時間で区切って勝敗を決めると、メリハリがつきます。

66 ジェスチャーリレー

低中高

伝言ゲームのジェスチャー版です。答えをジェスチャーだけで友だちに伝え、最後まで正しく伝わるかを競うゲームです。

時間 10分　**人数** グループ（6～8人）　**準備するもの** なし

あそび方 ・座席や並び順で列をつくり、先頭の子どもにテーマを出します（ほかの子どもは後ろを向いています）。
・制限時間内にテーマをジェスチャーで表現します。

1 子どもたちに説明し、練習をします

 先頭の人にテーマを伝えます。そのテーマを列の後ろの人まで伝言していきます。ただし、言葉は使えません。身体の動き（ジェスチャー）で表現して、次の人へつないでいきましょう。

 まずは練習です。例えば、この動きは何だと思いますか？

 ねこ！

 そうです。ねこです。みなさんは、それを次の人につなげます。では、ねこをやってみましょう。

 （ねこのジェスチャーをする。）

練習で、いろいろな動きで表現できることに気づけるようにしましょう。

Aさん、おもしろい！　Bさんのポーズもねこらしいね。

［うまく表現できない子どもには］

前の友だちと違うジェスチャーをしなくてもいいですよ。困ったら、友だちのジェスチャーの真似をしましょう。

2 ゲームをします

先頭の人は集まりましょう。2列目以降の人は後ろを向きましょう。
（テーマを伝える。）
時間は10秒です。用意、スタート！

（順番にジェスチャーで伝え合う。）

いちばん後ろの人に答えを聞いてみましょう。

Aチーム
うさぎだと思いました。

Bチーム
きつねかなあ。

答えはうさぎです。言葉を使わないで、よくわかりましたね。

楽しみ方のポイント

● 学校や市町村のキャラクターなど、みんなが知っているテーマを選ぶのがポイントです。何度も取り組む場合は身近な生き物など、ジェスチャーしやすいテーマがよいでしょう。

● 答えを紙に書き、一斉に提示する方法もあります。

★学級集会・学年集会

67 落とさず走れ！

低 中 高

新聞紙を広げて体の前面にあて、落とさないように走ってつなげるリレーです。

時間 15分 人数 グループ（4〜5人）

準備するもの 新聞紙（グループの数分）・カラーコーン

あそび方 ・新聞紙を広げて体の前面にあてた状態で、手を使わずに落とさないように走ります。
・カラーコーンをまわって戻ってきたら、次の子どもに新聞紙を渡してバトンタッチします。

1 子どもたちに説明し、練習をします

新聞紙をこのように広げて体の前にあてて、手を使わずに落とさないように走ります。今から走るので、見ていてくださいね。

チームごとに分かれてやってみましょう。走る順番も決めてくださいね。

3 ゲームをします

それでは、競走してみましょう。カラーコーンをまわってきたら、次の友だちに新聞紙を渡します。位置について、用意、どん！

［うまく走れない子どもには］

新聞紙が落ちてしまっても、何度でもやり直していいですよ。チームの友だちも応援していますよ。

4 アレンジをします

今度は違う新聞紙リレーをしてみましょう。
①まず新聞紙の上に立ちます。
②新聞紙の前を手で持ち、ジャンプするのと同時に新聞紙を前に引っ張りながら、前に進みます。
③完全に破れたら、新しい新聞紙に替えてください。

替えの新聞紙は隣で友だちが持っておくなど、チームで協力して取り組むこともできます。

楽しみ方のポイント

●低学年では、新聞紙を片手で押さえてよいでしょう。高学年では、子どもと一緒にルールを決めると楽しくなります。

68 低中高 ボールをつなげ！ 言葉もつなげ！

しりとりをしながら、次の友だちにさまざまな方法でボールを渡すリレーです。

`時間` 10分 `人数` グループ（6〜8人） `準備するもの` ボール

`あそび方` ・列をつくり、「頭の上から渡す」「足の間を通して渡す」などのルールに従って、しりとりをしながらボールを渡します。

1 子どもたちに説明し、練習をします

①列のいちばん前の人から後ろの人に、ボールを渡します。
②ボールがいちばん後ろの人に届いたら、前の人に戻します。
③いちばん前の人に早く戻せたチームの勝ちです。
④ただし、しりとりをしながらボールを渡します。また、ボールの渡し方にはルールがあります。今日は、頭の上からボールを渡します。

それでは、一度練習してみましょう。用意、スタート！

[しりとりが途切れてしまったら]

しりとりが止まってしまったら、前の人が単語をもう一つ言いましょう。例えば、「メガネ」で止まったら、「メガネ、根っこ」と言って友だちにボールを渡しましょう。

2 作戦を立てて、ゲームをします

練習をやってみて、どうでしたか？　**作戦タイムをとってから、本番の勝負をやってみましょう。**

もっと近くに立ってみよう!

どのチームも、いろいろ作戦を考えましたね。今度はどのチームが勝つでしょうか。それでは、本番です。用意、スタート!

勝ったのはBチームでした。どんな作戦を考えたのかな?

Bチーム
声をかけ合いながらボールを渡しました。

なるほど。うまくいきましたね。次は、ルールを変えてやってみましょう。

ルールの例

- 最初は左側から、次は右側からと、ジグザグで渡す。
- 全員片手のみで渡す。
- 子どもたちが離れて立ち、投げて渡す。
- 手のひらをグーにして渡す。
- 行きは頭の上から渡し、帰りは足の間を通して渡す。
  慣れてきたら、子どもにルールを考えさせてもよいでしょう。

成功のポイント

● 3文字の言葉、外来語など、条件つきのしりとりにしたり、連想ゲームやかけ算九九などにしたりと、言葉のつなぎ方を変えるだけでゲームの幅が広がります。

★学級集会・学年集会

69
低 中 高

非接触！　ペアバルーンリレー

　バトンを使って、二人で風船を挟んで走るリレーです。直接接触を避けながら楽しめるゲームです。

時間 15分　**人数** グループ（ペアになる人数）

準備するもの 風船とバトン（グループの数分）・カラーコーン

あそび方 ・ペアで1本ずつバトンを持って、風船を挟みます。
　　　　　　・その状態でカラーコーンを回って戻ってきて、風船をつないでいきます。

1 子どもたちに説明をします

①ペアでバトンを使って風船を挟みます。
②この状態でカラーコーンを回ってきて、次のペアに風船を渡します。
③スタートの線を越えてからは手を使ってもかまいません。

2 練習をします

それでは、練習をしてみましょう。先頭の人はバトンを持ちましょう。

（バトンを使って風船を挟む。）

AさんとBさんのペアがとても上手でしたね。みんなに見せてくれますか。

AさんとBさんペア

（バトンを使って風船を挟む。）

同じ高さで、挟むといいのかも。

本番前に少し時間をとります。チームで作戦を立てたり、上手に風船を挟む方法を教え合ったりしてください。

[うまく風船を運べないペアには]

失敗しても、何度でも挑戦しましょう。周りの友だちも応援してあげてください。

3 ゲームをします

それでは、本番です。
用意、スタート！

[リレーが終わったら]

さっきよりも、みんな上手でしたね。次は、違うもので挟んでみましょうか。

アレンジのポイント

- 風船を次のペアに渡すときに手を使わないようにすると、4人で協力する場ができます。
- 新聞紙に風船を乗せる、ビート板で挟むなどのアレンジをしても盛り上がります。新聞紙の場合、4人で角を持つのもよいでしょう。

70 低中高 ★学級集会・学年集会
私たちはアーティスト！

チームで順番に絵を描き、テーマに合った絵を完成させるゲームです。

時間 15分 人数 グループ（4～6人）

準備するもの 大きめの画用紙とペン（グループの数分）

あそび方 ・「動物園」「学校」など、子どもたちにとって身近なテーマを出します。一人20秒程度で
テーマに合った絵を描いて、交代します。
・できあがった絵を並べ、投票などでよさを競います。

1 子どもたちに説明し、ゲームをします

チームで、テーマに合った絵を描いていきます。一人が描ける時間は20
秒です。最後に、どのチームがいちばんテーマに合った絵が描けているか、
手を挙げて投票します。今回のテーマは、動物園です。

テーマの例

・水族館	・公園	・忍者屋敷	・担任の先生
・駅	・お城	・未来の○○市	・校長先生

みなさん、想像力が豊かですね。それでは、いちばん「動物園」らしいと思
う絵を選んでください。Aチームだと思う人……。

より動物園らしくするにはどんなものを描くとよいか、グループで相談して
みましょう。

┌ 楽しみ方の**ポイント** ┐
● 慣れてきたら、子どもたちがテーマを考えてもよいでしょう。
● 作戦タイムをつくることで、描く部分を相談したり、順番を変更したりすることができ
ます。お互いのよさを活かそうとする姿勢にもつながります。チーム内でアドバイスを
し合えるように声をかけましょう。

校外活動でのあそび

ここでは、校外活動のあそびをご紹介。
もちろん学校内でも楽しめますが、
バスの移動中や、校外の広いスペースなどでは
いつもとは違うおもしろさがうまれます。
子どもたちの時間を豊かなものにし、
校外活動の楽しい思い出をつくりましょう。

71
低 中 高

アナグラムゲーム

バラバラになった文字を並べ替えて、正しい言葉を考えるスピード感のある楽しいゲームです。

時間 5分 人数 学級全員 準備するもの スケッチブック・ペン

あそび方 ・バラバラになった文字を並べ替えて、正しい言葉を完成させます。

1 子どもたちに説明をします

①出題者を一人決めます。ほかの人は解答者です。
②スケッチブックには、バラバラになった文字が書かれています。
③文字を並べ替えて、正しい言葉を完成させましょう。
いくつ正解できるかな？

2 練習をします

これから練習をします。まずは私が出題します。私の考えた言葉は「いたんまさけ」です。(スケッチブックを見せる。)
並べ替えて正しい言葉を完成させましょう。

(スケッチブックを見ながら、文字を並べ替えて正しい言葉を考える。)

わかりました！　「さいたまけん」です！

いたんまさけ

い　　　　　ん
た　　　　け
ま　　　さ

文字の配置を変えると、
難易度も変わります。

当たりです！　みなさん、うまく並べ替えることはできましたか？

はい。

たくさんの人が正解することができましたね。では、正解したAさんに、次の問題を出してもらいましょう。

Aさん
どんな言葉にしようかな……。

［なかなか正解が出ない場合］

難しいようですね。それでは、ヒントを一つ。最初の文字は「さ」です。どうでしょう。

［友だちとうまく協力できない場合］

早く正解を見つけることは大事ですが、いちばん大切なのは友だちと力を合わせて仲よく活動することです。

［修学旅行などのバス車内で行う場合］

次の問題は、修学旅行に関係する言葉になっています。さあ、修学旅行の何と関係するか考えて答えましょう。

　アレンジのポイント

● 文字数は状況に応じて、減らしたり、増やしたりしましょう。
● 慣れてきたら、簡単な二つの単語を組み合わせてクイズを出すと難易度が上がって楽しめます。

72 低中高 ★学級集会・校外活動

ドキドキ爆弾ゲーム

音楽を楽しみながら、全員がスリルを味わえるゲームです。

時間 15分　**人数** 学級全員　**準備するもの** 風船・音楽

あそび方 ・音楽に合わせて、風船を爆弾に見立ててリレーのように次の人へ渡していきます。
・音楽が止まったときに風船を持っている人がアウトです。

1 子どもたちに説明をします

①今から爆弾となる風船をまわします。みなさんは、自分の座席に座ったまま、風船爆弾をA列とC列は後ろに、B列とD列は前の人に渡してください。
②いちばん後ろといちばん前の人は、隣の人に渡しましょう。
③音楽が止まったとき、風船を持っていた人がアウトです。
④アウトになった人は、ヒーローインタビューを受けてください。
⑤インタビューをする人は、アウトになった人の隣に座っている人です。

車内での風船の動き

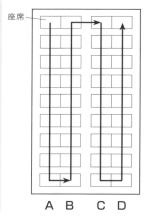

座席

A　B　C　D

2 ゲームをします

風船を渡す人を確認しましょう。準備はいいですか？　用意、スタート！
（音楽を流し、いちばん前にいる子どもに風船を渡す。）

（風船を友だちに渡していく。）

ドキドキするなあ。

（子どもたちの緊張感が高まってきたら、音楽を止める。）
音楽が止まりました。風船を持っている人は、誰ですか？

Aさん

わあ！　僕がアウトだ！

では隣に座っているBさん、Aさんにヒーローインタビューをお願いします。

Bさん

今日のお弁当のおかずは、何でしたか？

Aさん

唐揚げとブロッコリーが入っていました。

最高のお弁当ですね。

［風船を上手に渡せない子どもには］

風船を渡すのは、私も苦手です。割れるんじゃないかとドキドキしますね。焦らないで、ゆっくり友だちに渡していいですよ。みんなが楽しめるゲームにしましょう。

> **アレンジのポイント**
>
> ● ヒーローインタビューは、最初は教師が担ってもよいでしょう。「今日、楽しみにしていることは何ですか？」など、子どもが答えやすい内容の質問を考えておきましょう。
> ● しりとりをしながら風船を渡したり、風船の数を増やしたりすると、盛り上がります。

73
低 中 高

まじかるバナナ

「まじかるバナナ」のリズムに合わせて、言葉を連想していく楽しいゲームです。

時間 15分 人数 学級全員 準備するもの なし

あそび方 ・「まじかるバナナ」のリズムに合わせて、前の人の言った言葉から連想するものを順
に答えていきます。

1 子どもたちに説明をします

①まじかるバナナは、前の人の言った言葉から連想するものをリズムに
合わせて答えていく連想ゲームです。
②全員で「まじかるバナナ」と言います。
③始めの人は「バナナと言ったら○○」と言います。
④次の人は前の人が言った言葉から連想される言葉を言います。
「○○と言ったら△△」と続けていきましょう。

2 練習をします

では、私が一人でやってみるので、見ていてくださいね。

まじかるバナナ。バナナと言ったら、黄色。

黄色と言ったら、信号機。

信号機と言ったら……、えーっと。

……このように、リズムにあわせて言えなかったらアウトです。

※練習の段階で、教師が間違えを見せておくとよいでしょう。

3 ゲームをします

できるだけ、たくさんの言葉をつなげられるといいですね。では、私から始めます。まじかるバナナ。バナナと言ったら、ゴリラ。

ゴリラと言ったら、ジャングル。

ジャングルと言ったら、暑い。

[止まってしまった場合]

止まっちゃったね。では、Aさん（止まってしまった子ども）からもう一度スタートしましょう。

[間違えてしまった場合]

連想する言葉を間違えても大丈夫です。罰ゲームはありませんよ。みんなで楽しく連想していきましょう。

成功のポイント

● テーマを設定して、テーマの中で連想できる言葉をつないでいくと、難易度が上がります。

● 失敗を気にせずに取り組める環境をつくっておくことが重要です。みんなで楽しむことの大切さについて、事前に学級全体で話しておきましょう。

74

低 中 高

★学級集会・校外活動

私は誰でしょう?

　3つのヒントから、クラスの誰のことかをみんなで推理します。友だちの好きなものを知ることができるゲームです。

時間 15分　人数 学級全員　準備するもの アンケート（人数分）

あそび方 ・事前に好きなものについてアンケートをとって、クイズにします。

1 事前にアンケートをとります

> バスの車内で「私は誰でしょう?」を行うための準備をします。**今から配るアンケート用紙に自分の好きなものを3つ書きましょう。**

●アンケートの質問例

・好きな漫画
・好きな食べ物
・好きな本
・好きな色
・好きな曜日

子どもたちが
答えやすい質
問を設定して
おきましょう。

名前

1 好きな教科
＿＿＿＿＿＿＿

2 好きなスポーツ
＿＿＿＿＿＿＿

3 好きな給食のメニュー

2 子どもたちに説明し、ゲームをします

> **昨日のアンケートから、誰かの好きなものを順番に発表します。誰のことかわかったら、手を挙げて答えましょう。全問正解をめざしましょう!**

> ヒント1、私の好きな教科は、図工です。
> ヒント2、私は、サッカーが好きです。
> ヒント3、私は、給食のカレーが好きです。
> さあ、私は誰でしょう?

サッカーが好きだから、
Aさんかな……？

 はい、
Aさんだと思います。

 正解です。友だちの好きなものを思い出してくださいね。

 ［正解が出ない場合］

難しいようですね。それでは私が4つ目のヒントを考えてみます。……この人は、ピアノがとても上手です。

3 アレンジをします

 今度は人ではなく、教室にあるものの特徴を紹介します。どんなものか、みんなで考えてください。

 ヒント1、私は毎日、みんなに見られています。

 みんなが見ているもの……？

 ヒント2、私はとても大きいものです。

 大きいものって何だろう？

 ヒント3、私は教室のいちばん前にあります。
さあ、私は何でしょう？

 はい！
黒板だと思います！

┌─── 成功のポイント ───

● バスガイドさんや運転手さん、その場にいない教職員に前もってアンケートをとっておき、登場してもらうと盛り上がります。答えを教職員にする場合は、その人ならではのヒントを入れるようにしましょう。

75
低 中 高

ＹＹゲーム

細長い紙テープを手でちぎり、長さを競うゲームです。

時間 10分　**人数** グループ（縦、または横の座席）　**準備するもの** 紙テープ

あそび方
・切れやすい紙テープを、縦にちぎるゲームです。
・縦（または横）の座席の列の長さに合わせて、紙テープをチームの数だけ切ります。スタートの合図で、自分の目の前の紙テープを手でちぎります。
・いちばん早くちぎることができたチームの勝ちです。途中で切れてしまった場合は、長さで競います。

1 子どもたちに説明し、練習をします

これからやるゲームは、**細長い紙テープを手でちぎって、2本に分けるゲームです。**Aさんと Bさん、実際にやってみましょう。みなさんは見ていてください。

自分の目の前の部分から紙テープをちぎります。できるだけ破らないようにします。

（3人で紙をちぎる。）

Aさん
ああ、
破れちゃった。

破れたら、長さで競います。できるだけ長くなるようにちぎりましょう。

Bさん
みんな同じ長さを
ちぎるのですか？

誰が何センチやってもいいです。それは、チームの作戦ですよ。ただし、一人ですべてちぎってはいけません。

3 ゲームをします

それでは、本番です。テープを切らないように、そっと後ろの友だちまでまわしてください。終わったら、大きな声で合図してくださいね。用意、スタート！

（各グループで紙をちぎる。）

Cグループ
はい、終わりました！

終わったグループは、みんなを応援して待っていてください。

[すべてのグループが終わったら]
1位はCグループでした。勝因は何ですか？

Cグループ
Dさんがうまくちぎれなかった場所を、Eさんがフォローしたから早く終わりました。

> **成功のポイント**
>
> ●口頭だけの説明ではわかりづらいため、その場でやってみせたり、タブレットで動画をとっておき、モニターでみせたりしましょう。
> ●子どもにあわせて、前もってちぎる部分を短くするなど配慮しましょう。

76
低 中 高

終わったもの勝ちしりとり

「ん」のつく言葉を言った人が勝ちとなる、通常とは反対のしりとりです。

時間 5分 **人数** 学級全員 **準備するもの** ストップウォッチ

あそび方 ・始めの言葉を決めてスタートします。次の人は、しりとり同様、単語の最後の文字で始まる単語を言います。
・最後が「ん」で終わる単語を言えた人が勝ちです。

1 子どもたちに説明をします

これから「終わったもの勝ちしりとり」をします。**やり方は普通のしりとりと同じですが、いつもとは逆で、「ん」を言えた人の勝ちです。**

「ん」で終わる言葉は、「日本」「みかん」「やかん」など、たくさんありますよ。

2 練習をします

練習をしてみましょう。まず私が、始めの言葉を決めます。次にAさん、そのあとBさんが思いついた言葉を言ってください。考える時間は10秒にしましょう。始めの言葉は「キャンプ場」です。用意、スタート!

Aさん
うさぎ。

Bさん
ぎんなん。

すごい! 「ん」で終わる言葉を言えたので、Bさんの勝ちです。

3 ルールを決めて、ゲームをします

 考える時間は、何秒にしたらいいと思いますか。

 10秒でいいです。

 でも、すぐに言葉が出ない子だっているだろうから、30秒でもいいんじゃないかな。

 10秒で1回目の合図、30秒で最終合図にしたらどうかな。

 では、10秒と30秒に合図をしますね。

 [止まってしまった子どもには]

隣の友だちにヒントをもらいましょう。Cさん、助けることはできるかな?

思いつかなかったら、別の言葉で次の人につなげましょう。

成功のポイント

● 「ん」で終わる言葉を言えた子どもから、新しくしりとりを始めましょう。2回目、3回目と続けていくことで、子どもたちの楽しさも増します。

● 支援が必要な子どもには、始めの言葉を言ってもらうなどの方法があります。ただし、どのような配慮ができるか教師が決めるのではなく、子どもたちに委ねると、自分も友だちも一緒に楽しむという意識が生まれるきっかけとなります。

77

低中高

ご当地なんでもクイズ

　事前学習を活かして、校外学習に関するクイズを出します。楽しみながら、学びを深めることができます。

時間 15分　**人数** グループ（2〜4人）

準備するもの クイズの問題・スケッチブックとペン（グループの数分）

あそび方 ・校外学習に関する歴史や食べ物、文化遺産、自然などの問題を前もって考えておきます。

　・グループで協力し合って答えを考え、より多く正解することができたかを競います。

1 子どもたちに説明をします

これから「日光なんでもクイズ」をします。問題を出すので、答えをスケッチブックに書きましょう。グループで話し合い、協力して答えを考えましょう。時間は1分以内です。

2 ゲームをします

日光の自然についての問題です。奥日光の三大名瀑は「華厳の滝」「湯滝」と、あと一つは何でしょう。答えを書きましょう。漢字がわからなかったら、ひらがなで書いてもいいですよ。

（各グループでスケッチブックに答えを書く。）

書き終わりましたか？　答え合わせをします。

正解は、「竜頭の滝」です。滝が滝つぼの近くの岩で二つに分かれ、竜の頭の形にみえることから、名づけられました。今日も午後に見学する予定です。

3 5問出題し、正解数を集計します

5問出しましたが、何問正解することができましたか？

（各グループが正解数を発表する。）

いちばん多く正解できたのは、Dグループで4問正解でした。おめでとうございます！

［不正解だったグループには］

これは学校の勉強ではないので、正解できなくてもいいんです。このあとに見学するときの参考にしましょう。

［グループで意見がまとまらない場合］

どうしてもグループの中で意見がまとまらないときは、答えを二つ書いてもよいことにしましょう。勝ち負けもありますが、みんなが気持ちよく参加できることが大切です。

> **アレンジのポイント**
>
> ● 高学年であれば、子どもに問題をつくってもらってもよいでしょう。問題数を事前に決めておくと効率よく進められます。同じ問題にならないように、グループ同士で、どんな問題を出すのか、お互いに確認し合っておくとよいでしょう。
> ● バスガイドさんに参加してもらい、現地に関する問題を出してもらうと盛り上がります。

78 人数ぴったんこゲーム
低 中 高

　質問の答えが同じ人の数を予想するゲームです。学級の友だちのことを考えて答えを予想したり、答えから新しい一面に気づいたりすることができます。

時間 10分　**人数** グループ（2〜4人）

準備するもの スケッチブックとペン（グループの数分）

あそび方 ・「昨日、20時に寝た人」「昨日、本を読んだ人」などの質問に対して、該当する人数を予想します。
・答えができるだけ近いチームの勝ちです。

1 子どもたちに説明をします

これから、人数ぴったんこゲームをします。**私の質問に合う人が、何人いるかグループで考えましょう。**答えができるだけ近いグループの勝ちです。

2 ゲームをします

早速、質問をします。今日、朝ご飯にパンを食べた人は何人いるでしょうか？

パンもご飯も食べた人は、どうしたらいいですか？

パンを食べた人に入ります。では、グループで話し合って、答えを書きましょう。

（グループごとにスケッチブックに答えを書いて、発表する。）

正解は、みなさんに聞かないとわかりませんね。では、今朝、パンを食べた人は手を上げてください。
（数をかぞえる。）答えは、16人でした。パンが好きな子が意外に多かったですね。新しい発見です。

今度は、グループで質問を出してもらいます。質問を考えましょう。

質問例

- 昨日の夕飯で、コロッケを食べた人
- 今日、白の靴下をはいている人
- 今日のお弁当づくりを手伝った人
- 今朝、6時より早く起きた人
- 今日の校外学習で、新しい発見があった人

※質問によっては、人権に関わることもあります。子どもたちの質問が家庭環境や個人の学力、LGBTQ+など性に関わる質問でないことを確認しましょう。

［グループで意見がまとまらない場合］

なかなかグループで意見がまとまらないときは、今回は誰かの意見を活かして、次にほかの友だちの意見を活かしてみましょう。

［適切でない質問が出そうな場合］

この質問は、嫌な気持ちになる人がいるかもしれないので、今回は別の質問を考えてくれますか。

> ▶ アレンジのポイント
>
> ●「ぴったんこ賞」などを設定し、答えがぴったりだったら事前に作成したメダルなどをプレゼントする方法も盛り上がります。

★学級集会・校外活動

79
低 中 高

しりとりライブ

歌詞でしりとりをするゲームです。

時間 10分　人数 グループ（少人数〜大人数）　準備するもの なし

あそび方 ・最初の文字を決めて、その文字から始まる歌をうたいながら、しりとりをしていきます。

1 子どもたちに説明をします

歌をうたいながら、しりとりをします。止まらないように、みんなで助け合いながら進めましょう。

2 練習をしながら、ゲームをします

最初は校歌で始めましょう。最初は、私がストップする場所を決めますね。

（校歌をみんなでうたう。）
さわやかな　大空は〜♪

はい、ストップー！　「は」で終わりです。Aグループのみなさん、つづけて「は」で始まる歌を探してうたいましょう。

Aグループ

何があるかな？

Aグループ

はい！
春の小川はさらさら〜♪

いいですね！　Ａグループがストップする場所を決めてください。

Ａグループ
すみれやれんげの花〜♪　「な」！

元気よくうたえましたね。Ｂグループのみなさん、次は「な」です。このように歌でしりとりをしていきます。

Ｂグループ
菜の葉に止まれ　菜の葉に飽いたら　桜に止まれ〜♪　「れ」！

今度は「れ」です。みんなで何曲しりとりが成功するかな？

［しりとりになる歌が見つからない場合］
Ｃグループが困っているようですね。ほかのグループの人で、思いついた人は、ヒントを教えてあげてください。

アレンジのポイント

● 慣れてきたら、リーダーが「ストップ」と言ったところの文字で、次の歌を探すようにすると、リズムよくゲームが進み、楽しめます。
● 隣同士やグループ、バスの右半分と左半分で対抗戦にするなど、アレンジがしやすいゲームです。
● 勝敗よりも学級全体で何曲うたえたのかを重視することで温かい雰囲気になります。

80
低 中 高

手のひら伝言ゲーム

前の座席の人の手のひらに、答えを書いて伝える伝言ゲームです。

時間 10分　人数 グループ（縦の列）　準備するもの なし

あそび方 ・バスの座席を利用して、チーム戦で行います。
・手のひらに言葉を書いて、伝言をつないでいきます。

1 子どもたちに説明をします

①この伝言ゲームは、バスの後ろの座席からスタートします。
②いちばん後ろの人は、自分の前に座っている友だちの手のひらに言葉を書いて伝えます。声に出してはいけません。
③いちばん前の座席の人までつなげて、正解したチームにポイントが入ります。

2 ゲームをします

今日は、運転手さんの後ろ側の座席とバスガイドさん側の座席でチーム戦にしましょう。それでは、いちばん後ろの人たち、問題を出しますよ。準備はいいですか？（2チームに問題を出す。）

手のひらを後ろにするよ。

いいよ。伝言、書くよ〜。

先生、ヒントはありますか？

6年2組の、給食で
いちばん人気のメ
ニューです。

 何かなあ……？
（伝言ゲームをつづ
ける。）

 いちばん前の人、答
えをお願いします。

手の平は指を上にしたまま、後ろに向けましょう。

 運転手さんチームの子ども

カレーです。

 バスガイドさんチームの子ども

カレーです。

 正解は、カレーでした。運転手さんチームもバスガイドさんチームも正解
です。

 [手を触れることに抵抗がある子どもには]

手に書いてもらうことが苦手な人は、背中の上の方に書いてもらってもい
いですよ。

> **アレンジのポイント**

● 伝言は、長文にすると難易度がアップします。

● 「けしごむ」を、わざと「むごしけ」と反対から書いたり、複数の単語を書いて、記憶力
を競ったりする方法もあります。

● 事前アンケート（楽しみにしている観光地等）を実施し、その結果を問題にすると盛
り上がります。

★学級集会・校外活動

台数予想ゲーム

自分たちが乗っているバスとすれ違う車の台数を、予想して当てるゲームです。

時間 10分　**人数** グループ（2〜4人）

準備するもの しおりなどメモするもの

あそび方 ・1〜3分程度の時間内に、すれ違う車（自転車、バイクなど）の数を予想して当てます。
・バスとすれ違ったらかぞえなおすなど、カウントがゼロになる対象を決めておきます。

1　子どもたちに説明をします

台数予想ゲームは、すれ違う車の台数を当てるゲームです。1回目はバスとすれ違ったらゼロに戻って、1からかぞえなおしです。

2　ゲームをします

それでは1分間で何台の車とすれ違うでしょうか。予想して、しおりに書きましょう。

僕は10台だと思うな。
（しおりに書く。）

私は17台かな。
（しおりに書く。）

5〜10台にした人、手を挙げてください。10〜15台にした人はいますか？
みなさん予想できていますね。では始めますよ。用意、スタート！

（みんなで一緒にかぞえる。）

はい、1分たちました。正解は14台でした。当たった人いますか？

［ヒントを出す場合］

では、今から15秒だけ、何台の車とすれ違うかかぞえてみましょう。そこから1分ですれ違う台数を予想しましょう。

3 **司会をレクリエーション係の子どもに任せます**

今度はトラックとすれ違ったら、ゼロに戻って1からかぞえなおします。ここからの進行は、レクリエーション係のAさんにバトンタッチします。

Aさん

私がゲームを担当します。審判もします。みなさん、楽しんでください。よろしくお願いします。

［予想を楽しく確認する声かけ］

今日お誕生日のBさん、予想は何台にしましたか？

楽しみ方のポイント

● 二車線の道路で行うと、車の動きがよく見えてわかりやすくなります。
● 行きと帰りに同じ場所で行うと、時間帯によって変化する車の台数の差がわかり、盛り上がります。

82
低 中 高

30でドボン！

1～3個の数字を順番に言い、最後に30を言った人が負けとなるゲームです。

時間 3分 **人数** グループ（2～4人） **準備するもの** なし

あそび方 ・ルールに慣れたら、30より大きな数で行うことをおすすめします。

1 子どもたちに説明をします

①順番に、1～30の数字を言っていきます。
②1回のターンで3個まで数字が言えます。1個でも、2個でも、3個でも OKです。
③最後に30を言った人が負けです。相手に30を言わせましょう。

2 練習をします

隣同士で練習してみましょう。今回は10を言ったら負けです。ジャンケンで 勝った人からスタートしましょう。

 1、2、3。

4、5。

6、7。 8、9。

10。僕の負けか。

やった！ 勝った！

勝つためには、自分が言う数字を考えたり、相手の考えを想像したりする必要がありそうですね。

3 ゲームをします

では、本番です。今度は30を言ったら負けです。横に並んでいる座席の4人でやります。ジャンケンで勝った人からスタートしましょう。

（1～30の数を言い合う。）

次は、それぞれの列で負けた人同士で行います。ジャンケンで勝った人からスタートしましょう。

- -

[負けてしまった子どもには]

Aさん、今回は負けてしまったけど、次は勝てるように、今度、私と練習しましょう。

Aさん

ありがとうございます。どうしたら勝てるのか考えて、家で秘密特訓をします。次は勝てるように頑張ります。

┌───┐
楽しみ方のポイント

● 数字を言うテンポを速くすると、難易度が上がっておもしろくなります。
● 数字を習い始めの1年生でも、楽しみながら数唱することができます。英語で行うこともできます。
└───┘

★学級集会・校外活動

この絵は何でしょう?

「図形を組み合わせた絵」を言葉で伝え、同じ絵を完成させるゲームです。

時間 10分　人数 グループ（2〜4人）

準備するもの スケッチブックとペン（グループの数分）

あそび方
・教師が図形（三角形・正方形・丸など）を組み合わせて絵を描きます。
・教師は、図形で描いた絵を言葉だけで伝えます。
・子どもたちはグループで相談し、教師と同じ絵を完成させます。

1 子どもたちに説明をします

①私が図形を言います。その図形を組み合わせると、ある絵になります。
②グループで相談しながら、絵を完成させましょう。
③私と同じ絵を何回描けるでしょうか。回数を競います。

2 ゲームをします

（図形で絵を描いておく。）
紙の真ん中に正方形を描きましょう。

（正方形を描く。）

（正方形を描く。）

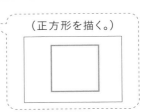

次に三角形を描きます。

（三角形を描く。）

 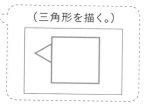（三角形を描く。）

最後に丸を描きます。

 （丸を描く。）

 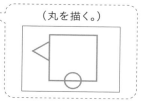（丸を描く。）

何が描けましたか？　頭の上にあげてください。私が描いたのは「家」でした。

絵の例

直角三角形、二等辺三角形、台形、ひし形など当該学年の算数で学習する図形を使うとよいでしょう。

ロケット

だんご

船

扇風機

イヌ

キツネ

電車

魚

楽しみ方のポイント

● 絵は単純なものがおすすめです。慣れてきたら、図形の種類や数を増やしていくと盛り上がります。

● それぞれの受け止め方の違いを楽しむことで、相互理解が深まるように進行しましょう。「そういう見方もあるね」「おもしろいね」と称賛の言葉をかけることで、温かい雰囲気になります。

<table>
<tr><td>84
低 中 高</td><td>★学級集会・校外活動
到着時間予想ゲーム</td></tr>
</table>

目的地への到着時刻をチームで予想するゲームです。運転手さんやバスガイドさんにも協力してもらうと、よりいっそう楽しめます。

時間 10分　**人数** グループ（2〜4人）　**準備するもの** なし

あそび方 ・目的地への到着時刻を予想します。
・おおよその時間ではなく、分刻みで正確な時間を考えるようにします。

1 子どもたちに説明し、ゲームをします

目的地に到着する時刻を当てるゲームです。1回目のサービスエリアに到着する時刻を予想しましょう。

Aグループ
僕は10時だと思う。

Aグループ
ん〜、私は10時5分かな。

Aグループ
では、私たちのグループは10時3分でどうかな。

Aグループ
賛成！

目的地が近づいてきましたよ。バスガイドさん、予定通りでしょうか？

運転手さん
今日は予定より少し早く到着するかもしれませんね。

164

バスガイドさん

はい、着きました。

現在10時5分です。ぴったりだった人はいますか?

Aグループ

残念!

しおりの行程表どおりでしたね。運転手さん、さすがですね。

目的地に到着しました。いちばん近かったグループに拍手を送りましょう。

［罰ゲームで楽しむ場合］

予想時間がいちばん遠かったBグループには、サービスエリアから戻ってきてから1曲うたってもらいましょう。みなさん、Bグループの歌が楽しみですね!

［ピタリ賞が出た場合］

なんと、Cグループの予想がピッタリでした。それでは特別にピタリ賞として私の手作りのしおりをプレゼントします。実は、全員分作ってありますよ。(しおりを子どもたちに渡す。)

▶ **成功のポイント** ▶

● 目的地にある程度近づいてから予想すると、正答率が上がります。
● 到着時間を明確にするため、バスガイドさんや運転手さんに「着きました」と宣言してもらいましょう。
● 複数回取り組むときは、合計タイムで優勝を決めてもよいでしょう。

85	
低 中 高	

似顔絵リレークイズ

写真をもとに似顔絵を描き、クイズにするゲームです。

時間 10分　**人数** グループ（5人）

準備するもの 写真を入れた封筒とスケッチブックとペン（グループの数分）

あそび方 ・写真を見ながら、グループで協力して似顔絵を完成させます。

1 子どもたちに説明をします

①写真を見ながら、各グループで似顔絵を完成させます。

②**一人が担当するのは1つのパーツだけです。各グループで描く順番を決めましょう。一人が描き終わったら、次の人に渡します。**

③最後に完成した作品をみんなに見せて、何を描いたのか当ててもらいます。当てたグループと描いたグループに10点入ります。

2 ゲームをします

最初に描く順番を決めましょう。

1番目は輪郭と耳、

2番目は髪の毛、

3番目は目、

4番目は鼻と口、

5番目はそのほかの部分（帽子・めがね・ひげ・ほくろなど）を描きます。

（各グループで順番を決める。）

番号を書いた封筒に写真が入っています。私とジャンケンで勝った人は、好きな番号を選ぶことができます。早速、Aグループの人、ジャンケンをしましょう。

Aグループ

ジャンケンポン！

Aグループ

勝った！　4番の封筒をください。

（4番の封筒を渡す。）

Aグループ

（絵を見ながら、順番に描いていく。）

手や足が必要だと思うグループは、描き足してもOKです。Aグループから順番に発表してください。

Aグループ

これは誰でしょう？

楽しみ方のポイント

● 子どもたちが知っている身近な人物や動物の顔の写真を準備すると、描きやすくなり楽しめます。高学年では、歴史上の人物を取り上げるのもおすすめです。取り組む時間は実態に応じて決めましょう。

● なかなか正解が出ないときはグループに質問したり、ヒントをもらったりして、正解をみんなで考えましょう。ヒントをもらう方法は連想ゲームのようになり、盛り上がります。すぐに正解が出るよりも、さまざまな答えが出る時間も楽しいものです。

86 低 中 高 ★学級集会・校外活動 お誕生日仲間

　同じ誕生月の子どもで集まり、ダンスを楽しむゲームです。キャンプファイヤーで取り組むと盛り上がります。

時間 15分　**人数** 学級全員　**準備するもの** 音楽

あそび方
・「〇月生まれの人、集まれ！」というかけ声で〇月生まれの子どもたちが集まります。
・集合したメンバーで音楽にあわせて踊ります。曲が終わったら、次の月の子どもたちに声をかけます。

1 子どもたちに説明し、練習をします

①自分の誕生月が呼ばれたら、前へ出て、音楽にあわせて火の周りをスキップしましょう。
②自分の誕生月ではないときは、拍手をして友だちを盛り上げましょう。

では早速、練習をします。音楽、スタート！
（音楽を流す。）5月生まれの人〜、集まれ〜！

5月生まれの子どもたち

はあい。
（元気よくスキップをする。）

5月生まれ以外の子どもたち

（拍手をする。）

（音楽が終わったら）
6月生まれの人〜、集まれ〜！

6月生まれの子どもたち

はあい。
（元気よくスキップをする。）

6月生まれ以外の子どもたち

（拍手をする。）

2 アレンジをします

今度は、同じ誕生月の友だちとオリジナルのダンスをつくりましょう。

（誕生月で集まって、ダンスをつくる。）

準備はいいですか？　みなさんのダンスが楽しみです！
2月生まれの人〜、集まれ〜！

2月生まれの子どもたち
（オリジナルのダンスを踊る。）

2月生まれ以外の子どもたち
おもしろい動きだね。
（拍手をする。）

みんなで元気よく踊ることができましたね。

［人前で踊るのが苦手な子どもには］

どうしても踊るのが難しい人は、みんなと一緒に拍手をして会場を一つに
しましょう。

▶ **成功のポイント**
- キャンプファイヤーの火の周りで踊ると、よい思い出になります。
- 0〜1人しかいない誕生月があったら、どうするとよいか、子どもたちと考えましょう。
「ほかの子どもも参加する」「男の子だけ参加する」「教師が参加する」など、おもし
ろいアイデアがうまれます。

87

低 中 高

★学級集会・校外活動

ステレオクイズ

聞き取った文字を組み合わせて、何を言っているかを当てるゲームです。

時間 5分　人数 グループ（3〜4人）　準備するもの なし

あそび方
・出題する子どもたちは、テーマに合った単語を一人1文字だけ言います。
・回答する子どもたちは、聞こえた文字を組み合わせて単語を当てます。

1 子どもたちに説明をします

①テーマを決めます。今日は果物です。

②グループで、クイズにする果物の名前を一つ決めましょう。3人グループだったら3文字の果物、4人グループだったら4文字の果物にします。

③グループ内で、果物の名前のどの文字を言うか決めましょう。3人グループだったら、「り」を言う人、「ん」を言う人、「ご」を言う人を決めます。

④クイズを出すときは、「せーの」の合図で自分の文字を一斉に言います。

⑤ほかの人は聞こえた文字を組み合わせて、果物の名前を当てましょう。

2 練習をします

Aグループの3人、前に出て、練習しましょう。テーマは果物ですよ。

（一人ずつ言う文字を伝える。）せーの、の合図で言ってくださいね。
せーの……

ぶ！　ど！　う！

170

さあ、みなさん聞き取れましたか？ Ａグループのみんなは、何の果物の名前を言ったのかな？

みんな大きな声だったから、はっきり聞こえなかったなあ。何て言ったんだろう。

第2章 校外活動でのあそび─校外学習先

3 ゲームをします

では、本番です。グループで果物の名前を決めましょう。ほかのグループと同じ果物のクイズになるともったいないので、果物の名前が決まったグループから、私にこっそり教えてくださいね。

［声が小さいグループには］

全員に聞こえなかったようなので、隣の人の声が聞こえないくらい大きな声でもう一度言ってみましょう。

［大きな声を出すのが苦手な子どものグループには］

どのくらいの声の大きさで言うか、グループ内で相談してみましょう。

> **成功のポイント**
>
> ●「食べ物」「乗り物」「動物」など、テーマを固定して取り組むと正答率が上がります。
> ●出題する際、子どもたちの声の大きさを揃えると伝わりやすくなります。

★学級集会・校外活動

ナンバーコール

自分と自分以外の番号を、リズムに合わせて言うゲームです。

時間 5分 **人数** グループ（4〜8人） **準備するもの** なし

あそび方 ・手拍子をしながら、「ナンバーコール」と言い、自分の番号と自分以外の番号を二つ
続けて言います。

1 子どもたちに説明をします

①グループで輪になり、参加者一人ひとりに番号をつけます。
②Aさんから時計回りに1、2、3……と番号を言いましょう。自分の番号
はわかりましたか？
②手拍子をしながら、「ナンバーコール」と言います。
③手を2回叩いたら、自分の番号と自分以外の番号を二つ続けて言いま
す。
④呼ばれた番号の人は、自分の番号と自分以外の番号を続けて言ってく
ださい。
⑤リズムにのれなかったり、止まってしまったりしたらアウトです。

2 ゲームをします

Aさんからスタートしましょう。
（手拍子をしながら）ナンバーコール。

Aさん
（手を2回叩く。）
1、6。

6の子ども

（手を2回叩く。）
6、2。

2の子ども

（手を2回叩く。）
2、4。

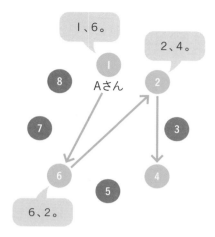

1、6。

2、4。

Aさん

6、2。

3 アレンジをします

今度は、両隣の番号を言うのはアウトです。どれだけ続けることができる
かな？

［折り返し合戦になった場合］

グループ全員が参加することが大切ですよ。ほかの友だちの数字を言って
くださいね。

［ゲームが終わったら］

同じグループになった人たちにお礼を言いましょう。また、同じグループで
集まるかもしれないよ。

成功のポイント

● 校外学習は、交友関係を広げるよい機会です。ほかのゲームでグループになったメ
ンバーで再度集まるようにしたり、多くの友だちと関わりがもてるようにしたりすると、
交流が深まります。

● リズムにのって、失敗を楽しむゲームであることを前もって伝え、全員が楽しく参加で
きるようにしましょう。

89 低 中 高

★学級集会・校外活動

フラフープくぐり

　フラフープを手を使わずに、隣の友だちへ渡すゲームです。記録に挑戦するのもおすすめです。

時間 15分　**人数** 学級全員　**準備するもの** フラフープ（グループの数分）

あそび方 ・同じ人数のチームをつくり、隣の人と手をつないで輪になります。
　　　　　・つないだ手を離さないようにしながら、フラフープを次の人へ送っていきます。

1 子どもたちに説明をします

①隣の人と手をつなぎ、大きな円をつくります。
②つないだ手を離さないようにしながらフラフープをくぐり、次の人へパスします。フラフープは、時計回りで移動させましょう。
③フラフープが、スタート地点に早く戻ってきたグループの勝ちです。

2 練習をします

フラフープを各グループに1個渡します。手をつないだまま、フラフープをくぐってみましょう。

（フラフープくぐりをする。）
最後の頭が難しいな。

（フラフープくぐりをする。）
隣の人も一緒に動くと、パスしやすいかも。

フラフープを動かすコツはわかりましたか？ 上手な友だちを見つけたら、コツを教えてもらいましょう。

3 ゲームをします

いよいよ本番です。本番はタイムを測りますよ。練習の成果を発揮して、5分以内でフラフープを戻せるように頑張りましょう。

はあい。

今度は円ではなく、1列になってみましょう。列の最後の人がくぐったら終わりです。どのグループがいちばん速いかな。

▶ 成功のポイント

- 子どもたちが教えたり、相談する姿を目にしたら、すかさず褒めましょう。学級の温かい雰囲気づくりにつながります。
- フラフープの数を増やしたり、異なるサイズを準備したりすると、盛り上がります。
- 手をつなぐのではなく、バトンなどを使ってもよいでしょう。

90 低中高	★学級集会・校外活動

あんたがたどこさ

　歌をうたいながら、みんなと同じ動きをします。「さ」の部分で全体の声があったとき、一体感を感じられるゲームです。

時間 5分　**人数** 学級全員　**準備するもの** なし

あそび方 ・『あんたがたどこさ』の歌詞の「さ」の部分で、さまざまな動きをします。

1 子どもたちに説明し、ゲームをします

①全員で『あんたがたどこさ』を覚えましょう。
②うたいながら、「さ」の部分で手を叩きましょう。

『あんたがたどこさ』（わらべ歌）

あんたがたどこさ　肥後さ

肥後どこさ　熊本さ

熊本どこさ　船場さ

船場山には　狸がおってさ

それを猟師が　鉄砲で　撃ってさ

煮てさ　焼いてさ　食ってさ

それを木の葉で　ちょいとかぶせ

準備はいいですか？

あんたがたどこさ♪（手を叩く。）
肥後さ♪（手を叩く。）
肥後どこさ♪（手を叩く。）……

2 アレンジをします

今度は円陣をつくって、「さ」の部分でジャンプです。右、左、右……の順番でジャンプします。隣の友だちとぶつからずにできるかな。

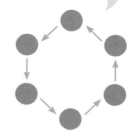

あんたがたどこさ♪
（右へジャンプする。）

最後は、マス目でジャンプですよ。スタート位置から左右にジャンプして、「さ」の部分だけ、前にジャンプして戻りますよ。難しいけれど、できるかな。

①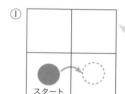
あんた♪
（右へジャンプする。）

②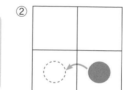
がた♪
（左へジャンプする。）

③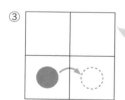
どこ♪
（右へジャンプする。）

④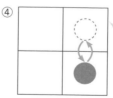
さ♪
（前へジャンプ後、戻る。）

成功のポイント

● 本来は手まり歌なので、ボールで実演してもよいでしょう。
● 歌を覚えてしまえば、さまざまなアレンジをすることができます。グループごとにルールを検討し、紹介し合う機会をつくると、いっそう人間関係が深まります。
● 間違っても、最後まで動きを楽しむように声をかけましょう。

木こりとリス

目まぐるしくメンバーを変えることで、偶然の出会いの場となります。かけ声によって動きが変わるゲームです。

時間 5分 **人数** グループ（3人） **準備するもの** なし

あそび方 ・3人組をつくり、「木」「リス」「木」の順で並び、手をつなぎます。
・教師のかけ声によって、それぞれの役の子どもが移動して、新しい3人組をつくります。

1 子どもたちに説明をします

①3人グループをつくり、「木」「リス」「木」の順で手をつなぎます。
②私が「木こりが来たぞ〜」と言ったら、木の二人は手をつないで逃げて、ほかのリスと手をつなぎます。
③私が「おおかみが来たぞ〜」と言ったら、リスが逃げて、ほかの木と手をつなぎます。
④私が「嵐が来たぞ〜」と言ったら、全員逃げて、新しい3人グループをつくります。

178

2 ゲームをします

では早速、始めます。3人グループはできましたか？

おおかみが来たぞ〜。

リスの子ども

リスだから、逃げるよ〜。

嵐が来たぞ〜。

グループ全員

新しいグループにならなきゃ！

木こりが来たぞ〜。

木の子ども

木こりに倒される〜！

［近くにいる友だちとばかりグループをつくる場合］

今度は同じ場所に戻れないルールにします。**できるだけ遠くにいる友だちと3人グループをつくりましょう。**

> ### 声かけのポイント ▷
>
> ● 子どもがかけ声を担当する場合は、「同じかけ声は2回まで」などルールをつくり、みんなが楽しめるようにルールを工夫しましょう。
> ● 嵐、木こり、おおかみ役のおにをつくって、捕まらないように逃げるルールにすると、スリリングなゲームになります。
> ● 子どもがグループをつくれない可能性がある場合は、事前に本人と相談し、グループの子どもを決めておくなど不安を解消する支援をしましょう。

92
低中高

ジャンケン列車

友だちとジャンケンをして、できるだけ長い列車をつくるゲームです。

時間 5分　人数 学級全員　準備するもの 音楽・笛

あそび方
・音楽に合わせて、一人で歩きます。笛の音を合図に、近くの友だちとジャンケンをします。
・負けた子どもは、勝った子どもの肩に手を置き、列車になります。
・ジャンケンを繰り返して列を伸ばし、最後に先頭になっていた子どもの勝ちです。

1 子どもたちに説明をします

①音楽が流れたら、歩きながら元気よくうたいましょう。
②私が笛を吹きます。**笛の音が聞こえたら、いちばん近くにいた友だちとジャンケンをします。**
③負けた人は、勝った人の肩に手を置き、列車になります。
④ジャンケンに勝って、どんどん列車を伸ばした人が勝ちです。

2 ゲームをします

それでは、本番です。ジャンケンする人が見つからない場合は、私のところへ来てください。最後に先頭で残るのは誰でしょうか。それでは、音楽スタート！

［身長差があって、肩に手を置きにくい場合］

手は肩でなくても大丈夫ですよ。友だちとどのようにつながるか相談しましょう。

3 アレンジをします

今度は、音楽のスピードを速くしたり、遅くしたりします。音楽にあわせて、歩く速さを変えましょう。

［ゲームが終わったら］
先頭の友だちにインタビューしてみます。今の気持ちをひと言でお願いします。

最高です！

第2章　校外活動でのあそび―校外学習先

> **成功のポイント**
>
> ● ジャンケンをする前に「自己紹介をする」「好きな食べ物を言う」「誕生日を言う」など活動を増やすと、友だちについてさらに深く知る機会となります。
>
> ● 列が長くなりすぎると危険もあるので、教師が適切な長さを判断して、音楽を止めましょう。

| 93 低中高 | ★新学期・学級集会・校外活動 |

ハーフ＆ハーフ

学級の子どもの人数が、半分に分かれる質問を考えるゲームです。

時間 10分　人数 学級全員　準備するもの なし

あそび方 ・子どもたちの人数が、ちょうど半分に分かれる質問を考えます。

1 子どもたちに説明し、練習をします

今、このクラスに26人います。**これから質問を出して、答えがちょうど13人ずつになったら、成功です。**

まずは、私が質問します。家に帰りました。どちらを先にしますか。Aは、宿題を済ませてからあそぶ。Bは、あそんでから宿題をする。
Aは窓側に、Bは廊下側に集まってください。ハーフ＆ハーフ、スタート！

絶対、先に宿題を済ませるよ。

え〜、まずはあそびたいよ。

そろそろカウントダウンしますよ。5、4、3、2、1、ストップー！
A、B、それぞれ何人いますか？

Aを選んだ子ども
Aは16人です。

Bを選んだ子ども
Bは10人です。

残念。Aが6人多かったですね。ハーフ＆ハーフ、失敗です。

2 ゲームをします

それでは、いよいよ本番です。班でそれぞれ質問を考えてください。

みなさん、質問は決まりましたか？　1班から質問をお願いします。

1班の質問は「犬と猫、どっちが好き？」です。Aは犬、Bは猫。
ハーフ＆ハーフ、スタート！

移動は15秒です。1班のみなさん、カウントダウンしましょう。

1班
5、4、3、2、1、ストップー！　A、B、何人いますか？

Aを選んだ子ども
Aは13人です。

Bを選んだ子ども
Bは13人です。

1班
13人ずつで、ぴったり半分だ。

ハーフ＆ハーフ、成功です！

成功のポイント

● 事前にテーマを決めておくと、スムーズな進行ができます。
● 成功したテーマや、学級目標を意識したテーマを考えた班を認める場面を設けると、
　活動の価値が高まります。

183

94 低 中 高 ★学級集会・校外活動

もらいっこドッジボール

当てれば当てるほど、自分のチームの仲間が増えるドッジボールです。

時間 10分 人数 グループ（少人数〜大人数） 準備するもの ボール

あそび方 ・ボールを当てられた子どもが、相手チームに加わるドッジボールです。
・このゲームでは、外野の役割はつくりません。

1 子どもたちに説明し、ゲームをします

①基本的なルールは、ドッジボールと同じです。
②当てられた人は外野に行くのではなく、相手チームのメンバーとなります。
③どちらかのチームが全員いなくなったら、ゲーム終了です。
それではジャンケンをして、始めましょう。

2 アレンジをします

今日は、三角形のコートにチャレンジしましょう。ボールを投げやすく、取りやすい場所を、チームで相談して作戦をたてましょう。

コートにセーフティーゾーンをつくります。セーフティーゾーンにいる間はボールが当たっても、大丈夫です。ただし5秒間しかいることができません。

三角コートのセーフティーゾーンは、どんな風に使うと効果的かな？
チームで相談しましょう。

コートのアレンジ

コートの形を三角形や台形などにすると、盛り上がります。

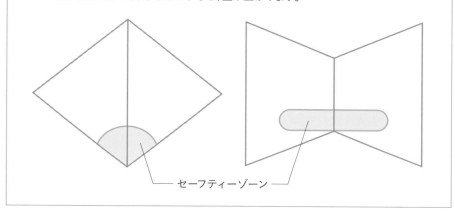

セーフティーゾーン

［ゲームの途中］

セーフティーゾーンの場所が変わります。今度は中央になりますよ。

▶ 成功のポイント

● 時間を決めて、人数が多いチームが勝ち、としても楽しめます。
● ドッジボールは学級によってルールが異なる可能性があるので、頭に当たったり、ワンバウンドしたりした場合はセーフにするなど、最初にルールを確認しましょう。

95
低 中 高

落ちた落ちた

　言葉に合わせて、決められた動きをするゲームです。「落〜ちた、落ちた」「な〜にが落ちた?」のやりとりも盛り上がります。

時間 5分　**人数** 学級全員　**準備するもの** なし

あそび方 ・「落ちた、落ちた」「何が落ちた?」というかけ声と 「雷」「天井」「りんご」の言葉に合わせて、決められた動作をします。

1 子どもたちに説明をします

①私が「落〜ちた、落ちた」と言ったら、「な〜にが落ちた?」と聞いてください。

②私が「雷」と言ったら、おへそを隠すポーズをします。「天井」と言ったら、天井を持ち上げるポーズ、「りんご」と言ったら、りんごをキャッチするポーズをします。

落〜ちた、落ちた。

な〜にが落ちた?

雷。

天井。

フンッ

りんご。

2 ゲームをします

私が「雷」「天井」「りんご」の中から、一つ言います。リズムに合わせて、元気よくやってみましょう。落〜ちた、落ちた。

な〜にが落ちた?

雷。

（おへそを隠す。）

みなさん、ばっちりできましたね。

3 アレンジをします

これから言葉を増やします。「バナナ」と言ったら片手でキャッチ、「雨」と言ったら傘をさす動き、「いがぐり」と言ったら避ける動きをしましょう。

［ゲームが終わったら］

○問全部正解した人は立ちましょう。みなさんで大きな拍手を送りましょう!

成功のポイント

● 落ちてくるものやポーズは、子どもたちのアイデアを取り入れましょう。クラス独自の楽しいゲームになります。

● 教師がフェイントで「りんご」と言って頭を隠したり、かけ声のテンポを速めたりすると、盛り上がります。

96
低 中 高

みんなでジャンプ！

　リズムに合わせて、体を動かすゲームです。かけ声を変えることで、さまざまなアレンジも可能です。

時間 ▶ 5分　人数 ▶ グループ（5〜6人）　準備するもの ▶ なし

あそび方 ▶ ・教師のかけ声をよく聞いて、左右前後にジャンプします。

1　子どもたちに説明し、ゲームをします

①私が「言うこと一緒、やること一緒」と言います。
②つづけて、前、後ろ、右、左など方向を言うので、みなさんは指示された方向にジャンプして移動します。私が前と言ったら、みなさんは前に、後ろと言ったら後ろにジャンプですよ。
③声を出す練習をします。私が言ったとおりに声を出しましょう。

言うこと一緒、やること一緒、前。

前。

左。

左。

リズムに合わせて、連続して動けるようになりましょう。

3 アレンジをします

今度は、「言うこと一緒、やること反対」です。右と言ったら左へ、左と言ったら右へジャンプしましょう。

間違えた友だちがいたら、助けながら一緒にジャンプしましょう。

次は、動きを入れます。グループで手をつないで1列になりましょう。いきますよ。言うこと一緒、やること一緒、右。

右。

［ゲームの最後には］

最後まで気持ちを揃えることができた、Aチームのみなさんに大きな拍手を送りましょう！

「しゃがむ」「立つ」などを加えると盛り上がります。

> ### 成功のポイント
>
> ●教師のかけ声で、難易度が変わります。「言うこと反対、やること一緒」にすると、難しくなります。
> ●テンポよく楽しむことが重要です。失敗しても、笑い飛ばしましょう。
> ●みんなで手をつなぎ輪になると、互いの姿が見えて、より楽しめます。

97
低 中 高

サッカージャンケン

サッカーに見立てた、チーム対抗のジャンケンゲームです。

時間 15分 **人数** グループ（10人）

準備するもの 紙テープやリボンで作ったレイ（たくさん）

あそび方 ・二つのグループで攻守を決めて行います。

・攻撃側はフォワード→ミッドフィルダー→ディフェンダーの順でジャンケンを行い、最後にゴールキーパーに勝つと、1点（レイ）獲得です。負けたら、スタートラインに戻って再挑戦です。

1 子どもたちに説明し、練習をします

①二つのグループに分かれ、先行（攻撃）と後攻（守備）を決めます。

②守備グループは図のように配置につきます。

③**攻撃グループは、ゴールキーパーに勝って1点（レイ）をゲットします。ただし、各エリアでジャンケンをして負けたら、スタートラインに戻ってフォワードからやり直しです。**

④レイをたくさん集めたチームの勝ちです。

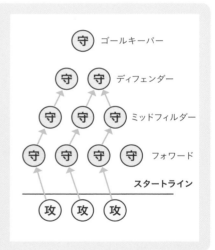

勝ったら次へ進み、負けたらスタートラインに戻りましょう。

ジャンケンの前にハイタッチや握手をしたり、「○○を頑張っています」など自己紹介をしたりすると、他者理解にもつながります。

2 ゲームをします

5分間で攻守交替をします。それでは、始めます。キックオフ！

ゴールキーパーに勝ったらレイをもらってね。そのあとスタートラインに戻って、もう一度チャレンジしましょう。

（勝ったら次へ進み、負けたらスタートラインに戻る。）

［攻撃側への声かけ］

Aさん1点ゲット！　もう1点頑張ってみよう。

※1点で満足しないように声をかけます。

［守備側への声かけ］

自分のところに来るように手を上げたり、声をかけたりしましょう。

※守備の全員がジャンケンできるように声をかけます。

> **成功のポイント**
>
> ● 作戦タイムを設けて、ポジションチェンジなどを子どもたちに任せると、チームとしての意識が高まります。
> ● 「○○杯」と名づけて取り組み、最後に表彰式を行うと盛り上がります。手作りメダルや賞状の交換で、互いのよさを認め合うことができます。

98 低 中 高 お引っ越し

「お引っ越し!」と言って、おにから逃げるシンプルなゲームです。

時間 5分 **人数** グループ（少人数〜大人数） **準備するもの** 体育帽子

あそび方 ・「お引っ越し!」というかけ声に合わせて、AサイドからBサイドへ移動します。
・移動中におににタッチされたら、おにになります。

1 子どもたちに説明をします

①1班と2班が、AサイドとBサイドに分かれます。
②「お引っ越し」のかけ声で、反対側に移動をします。途中、移動の邪魔を
するおににつかまらないように、注意しましょう。つかまったら、おにです。
③最後まで残った人の勝ちです。

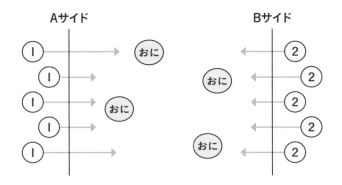

おにの役をやってくれる
人は、いますか？　最初は
4人いるといいですね。

はい。私たちが
おにになります。

ありがとう。おには帽子を白にしましょう。

2 ゲームをします

 それぞれの班で、合図をする人を決めます。おにも準備をしましょう。

 丨班
おにの動きを見ながら、私が「せーの！」と声をかけるよ。

 丨班
了解。それを合図に「お引っ越し」と叫んで走り出そう。

 おにのグループ
二手に分かれてつかまえよう。

 それでは、始めます。どうぞ。

丨班
せーのっ！

 丨班
お引っ越しー！

 つかまってしまった人はおにですよ。帽子の色を変えましょう。はい、また引っ越してください。

> **アレンジのポイント**

- AサイドとBサイドの距離を変えることで、おにから逃げる子どもたちの動きに変化がうまれます。
- セーフティーゾーンの有無や場所、おにの人数等、話し合いで決めると盛り上がります。セーフティーゾーンをつくると、走ることが苦手な子どもも安心して楽しめるのでおすすめです。
- 制限時間を設けると、ゲームのスピードがアップします。

99 低中高 ○○小は最高だ!

定番の学級あそび「猛獣狩りに行こうよ」をアレンジしたゲームです。

時間 15分 人数 学級全員 準備するもの なし

あそび方 ・決まったかけ声と振りつけをしたあとに、言葉の文字の数に合わせてグループをつくります。

1 子どもたちに説明し、ゲームをします

『○○小は最高だ!』の歌詞と振りつけを覚えましょう。

『○○小は最高だ!』

○○小は最高だ!(ガッツポーズをする。)×2回

○○小は楽しいよ(手を広げて左右に揺れる。)×2回

給食だって美味しいし(ご飯を食べる動作をする。)×2回

友だちだっているもん(近くの子と顔を見合わせる。)×2回

いえい!(好きな方向を指す。)

いえ〜〜〜〜〜い!(好きな方向を指す。)

[○○小が最高だと思うことを言う。]

最後は、○○小が最高だと思うところを言います。その文字数と同じ人数のグループをつくりましょう。

「新一年生を迎える会」のためにアレンジをします

 このゲームを「新一年生を迎える会」でやりたいと思います。
みなさん何かアイデアはありますか?

 はい。1年生は初めてだから、最初は一緒に踊るといいんじゃないかな?

 最後の部分は、1年生の担任の
先生を紹介するといいと思います。

 楽しい歌詞で学校
を紹介しよう!

『〇〇小へ行こうよ』

〇〇小へ行こうよ(ガッツポーズをする。)×2回
〇〇小は楽しいよ(手をつないで左右に揺れる。)×2回
ランドセルだってしょってるし(ランドセルを背負う動作をする。)×2回
先生たちもやさしいよ(近くの先生に手を振る。)×2回
いえい!(好きな方向を指す。)
いえ〜〜〜〜〜い!(好きな方向を指す。)
[1年生を担任する先生の名前を言う。]

▷ 成功のポイント ▷

● キャンプファイヤー等で行う場合には、自信をもってできるように事前に練習しておきましょう。
● 人数の関係でグループに入れない子がいないように、教師や進行役などが調整しましょう。
● 異年齢集団で行う場合には、グループの中に必ずいくつかの学年が入るようなルールをつくっておくと、人間関係がさらに深まります。

低 中 高

★学級集会・校外活動

Zジャンケン

二つのチームに分かれ、相手の宝を奪うゲームです。

時間 10分 **人数** グループ（少人数〜大人数）

準備するもの フラフープ（2個）・点数を書いた宝（4〜8個）

あそび方 ・学年に応じて、地面のラインを渦巻きにしたり、変形にしたりすると楽しめます。

1 子どもたちに説明をします

①二つのグループに分かれ、相手の陣地にある宝をめざして進みましょう。
②フラフープのところでは一度止まり、フラフープを5回まわします。
③相手と出会ったところでジャンケンをします。
④負けたら、自分のグループに戻り、勝ったら、進みましょう。
⑤宝には点数が書いてあります。勝負は合計点で決まります。

宝はスポンジなどの柔らかい素材のもので作ると安心です。

2 ゲームをします

制限時間は3分です。準備はいいですか？　用意、スタート！

成功のポイント

●合計点で勝敗が決まるルールにすると、最後まで緊張感をもって楽しむことができます。

第3章

もっと
いろいろなあそび

子どもたちは、あそびを通して
さまざまなことを学びます。
自分のこと、友だちのこと、社会のこと……。
ここでは外国語や環境、福祉をテーマにした
いろいろなあそびを紹介します。
子どもたちの興味、関心にあわせて、取り組みましょう。

※手話は地域や年代などによって、表現方法が異なることがあります。手話で話す人たちとあそぶ場合は、前もって表現方法を確認しておくと安心です。また、手話は手の動きだけでなく、表情や口の形も大事なポイントです。からだ全体を使って表現しましょう。

101 低 中 高 ★学級集会・外国語活動

私はナビゲーター

英語で指示を出して、目的地まで案内するゲームです。

時間 10分　**人数** グループ（3～5人）

準備するもの 地図とコマ（グループの数分）

あそび方 ・英語で指示を出し、地図上のコマを目的地まで案内します。

1 子どもたちに説明をします

目的地まで、英語で道案内をします。私が言ったとおりに進んだり、曲がったりしましょう。さて、ゴールまでたどり着けるでしょうか。

2 練習をします

道案内をするための英語を練習しましょう。

道案内のフレーズ

Let's go to the station.
駅へ行きましょう。

Go straight.
まっすぐ進みましょう。

Turn left／right.
左側／右側に曲がりましょう。

You can look the station on your left／right.
左側／右側に駅が見えます。

---

3 ゲームをします

地図を広げて、コマを小学校の校門に置きましょう。目的地についたら手を挙げて知らせてください。

Are you ready?

Yes!

Let's go to the book store.
Go straight.

（コマを動かす。）

（聞き手の動きが止まったら、次の指示を出す。）
Turn left.

（コマを動かす。）
この道であっているかな？

You can look the book store on your right.

（手を挙げる。）
本屋に着きました！

指示どおりに動けたね。みなさんは、どんな本が好きですか？

［途中でわからなくなってしまったグループには］

途中でわからなくなってしまったら、手を挙げてください。ほかのグループも待っていてくださいね。

> ### 成功のポイント
> - 目的地に関係する子どもの経験や興味、関心があるものを聞いて、教師と子どもの関係を深めましょう。
> - 教室の机を建物に、通路を道路に見立てて取り組むと、盛り上がります。

第3章 もっといろいろなあそび｜外国語

102 低 中 高 ★学級集会・外国語活動

違うのだあれ？

　一人ひとりの発音をよく聞いて、異なる英単語を言っている友だちを当てるゲームです。

時間 10分　**人数** グループ（5〜6人）　**準備するもの** なし

あそび方 ・グループで英単語を言い、違う単語を言った人を当てます。

1 子どもたちに説明し、練習をします

順番に英単語を言います。ただし、一人だけ違う単語を言う人がいるので、それが誰かを当てましょう。まず1班の人たちでやってみましょう。

（AさんからDさんは"Cook"、Eさんは"Book"と言いますよ。）
まずは順番に言ってみましょう。みなさんは目をつぶってください。
それでは始めます。Ready go!

Cook.　Aさん

Cook.　Bさん

Cook.　Cさん

Cook.　Dさん

Book.　Eさん

誰が違う単語を言っていたでしょうか。

Eさんです。

正解です！

2 ゲームをします

グループで問題にする英単語を相談して決めましょう。

習った英単語を言い合ってみよう。

問題の例

- "dog"と"bag"
- "sea"と"tea"
- "ball"と"doll"
- "big"と"bag"
- "can"と"pan"
- "cool"と"cook"
- "hot"と"hat"

....

［グループで問題にする英単語が決まらない場合］

（上記の問題の例を板書して）
なかなか問題が決まらないグループは、この中から決めましょう。

楽しみ方のポイント

● 中学年では、事前に十分な英単語の練習をしたり、問題の英単語を教師が示したりするなどの準備時間を十分にとりましょう。

● 正解できなかった場合は、問題の英単語を繰り返し練習するなどの支援をし、回答者が嫌な思いをしないようにしましょう。

● ALTにも参加してもらい、正しい発音を身につけるきっかけをつくりましょう。

★学級集会・外国語活動

スリー、ツー、ワン、同じだね!

提示された英単語の中から、同じ英単語を選んだ友だちを探すゲームです。

時間 10分　人数 学級全員　準備するもの なし

あそび方
・五つの英単語の中から好きな単語を一つ選びます。
・「スリー、ツー、ワン」のかけ声で単語を伝え合い、同じ単語を選んだ人を見つけたら、1ポイントとなります。

1 子どもたちに説明をします

①これから紹介する英単語の中から一つ選びます。
②自由に動き回って、出会った友だちと選んだ単語を伝え合いましょう。
③同じ単語だった場合、二人とも1ポイントです。たくさんポイントを集めましょう。

2 練習をします

今回のテーマは「色」です。(単語を紹介し、発音の練習をする。)
好きな色を一つ選びます。決まりましたか?　隣の人と「スリー、ツー、ワン」と言ったあと、それぞれが選んだ言葉を言いましょう。では、言ってみましょう。

スリー、ツー、ワン、

Red.

AさんもBさんも"Red."でした。同じなので、二人とも１ポイントもらいましょう。同じ単語を選んでいたときも、違っていたときも、友だちに"See you.""Good luck." "Thank you."などと言えるといいですね。

3 ゲームをします

では、本番です。今から３分間、自由に動いて友だちと交流しましょう。それでは始めます。Ready go!

テーマの例

・色	red ／ blue ／ green ／ yellow ／ pink　など
・スポーツ	volleyball ／ baseball ／ swimming ／ table tennis ／ judo　など
・食べ物	cheese ／ egg ／ ham ／ chicken ／ soup　など
・動物	dog ／ bear ／ tiger ／ panda ／ sheep　など
・乗り物	car ／ bus ／ train ／ ship ／ helicopter　など
・国名	Japan ／ Australia ／ India ／ Spain ／ Brazil　など
・教科	Japanese ／ English ／ math ／ social studies ／ science　など

時間です。獲得ポイントを教えてください。みなさん、すすんで友だちと交流できましたね。

成功のポイント

● ポイントを競い合うことより、友だちと同じ言葉だったときの嬉しい気持ちや、たくさんの友だちと交流する楽しさを共有することを大切にしましょう。

● 選ぶ言葉の数や制限時間を変えることで難易度の調整ができます。

● 同じ言葉だった人がグループになっていく方法もあります。

104 よ～く聞いてね

低 中 高

英単語を聞き分けて、当てるゲームです。

時間 5分　人数 グループ（3～4人）　準備するもの なし

あそび方 ・出題グループは異なる英単語を同時に言い、解答グループは英単語を聞き取ります。

1 子どもたちに説明し、練習をします

みんなで同時に英単語を言います。どんな単語を言っていたか、当てましょう。Aさん、Bさん、Cさんでやってみましょう。

（Aさんは"Cat"、Bさんは"Dog"、Cさんは"Pig"と言いますよ。）
声を揃えて、同時に言いますよ。スリー、ツー、ワン！

Cat.

Dog.

Pig.

Aさん　　　Bさん　　　Cさん

"Cat"と"Dog"と、うーん……"P"が聞こえた気がするんだけど。

"Cat"と"Dog"は正解です。もう一つは"Pig"でした。二つも聞き取れましたね！

2 ゲームをします

各グループで問題を考えましょう。これまで習った英単語から三つ選びましょう。

スポーツで見つけたよ！ "Baseball""Basketball"、あと一つ……。

"Bowling"はどう？

全部"B"から始まっている英単語だから、よく聞かないと答えられないね。

> **問題の例**
> ・"blue"と"black"と"back"
> ・"cat"と"cow"と"bat"
> ・"four"と"fourteen"と"fork"
> ・"melon"と"lemon"と"salmon"

グループ内で同時に言ってみて、回答者が聞き取りにくい英単語を見つけましょう。

楽しみ方のポイント

● 慣れてきたら、子どもが問題を出してもよいでしょう。話し合うことで子ども同士の人間関係が深まります。
● 人数を増やしたり、制限時間を設けたりと、状況に合わせてあそぶことができます。

105 私を見て
低 中 高

カードに書かれた英単語をジェスチャーで表現し、その英単語をみんなで当てるゲームです。

時間 10分　人数 学級全員　準備するもの 英単語カード

あそび方 ・選んだカードに書かれていた英単語をジェスチャーで表現します。

1 子どもたちに説明し、練習をします

①出題者がカードを1枚選び、カードに書かれている英単語をジェスチャーで表現します。
②ほかの人はジェスチャーを見て、カードに書かれていた英単語を当てましょう。

最初は"Hungry"で練習しましょう。発音したあと、どんな動きをしたらいいか考えましょう。(発音の練習をする。)
"Hungry"はどんな動きをすると、相手に伝わるかな?

お腹に手を置くのはどうかな?

いいですね。今度は動きをつけながら、みんなで言ってみましょう。
Repeat after me, hungry.

Hungry.
(動きをつけながら、発音の練習をする。)

2 ゲームをします

最初の出題者はAさんです。Aさん、カードを選びましょう。

Aさん

（カードを1枚選び、"Sad"のジェスチャーをする。）

悲しいのかな？
"Sad"だと思います。

Aさん

正解です。私が引いたカードは
"Sad"です。

わかりやすいジェスチャーをしたAさんも、よく見て考えられたみなさんさんも、どちらも頑張りましたね。Aさんのジェスチャーの真似をしながら、もう一度"Sad"の発音練習をしてみましょう。

問題の例

・Run　　　　　・Sing　　　　　・Look

> **アレンジのポイント**
>
> ● チーム対抗戦で取り組み、グループで協力して答えを導く経験を積み重ねるとさらに楽しくなります。
> ● 制限時間内に何問回答することができるか、挑戦する方法もあります。

第3章　もっといろいろなあそび—外国語

★学級集会・外国語活動

バースデーチェーン

指名されたリーダーを起点にして、誕生日の順番に並ぶゲームです。

時間 10分　人数 グループ（少人数～大人数）　準備するもの なし

あそび方 ・友だちに誕生日を聞くフレーズと月と日の英単語を板書します。
　　　　・お互いの誕生日を英語で伝え合いながら、誕生日順に並んでいきます。

1 子どもたちに説明をします

まず、私がリーダーを指名します。Aさん、誕生日はいつですか？

Aさん
9月8日です。

リーダーのAさんを起点にして誕生日順で並び、円をつくりましょう。お互いの誕生日は英語で伝え合います。

My birthday is December 7th. When is your birthday?

Bさん
My birthday is June 2nd.

Aさんの誕生日から考えると、Bさんは私よりも誕生日があとなので、私の後ろに並びます。このようにして並び、円をつくります。

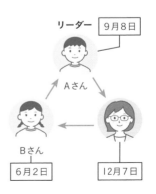

2 ゲームをします

 リーダーはCさんです。Cさんの誕生日はいつでしょうか。英語を使って、みんなで聞いてみましょう。

 When is your birthday?

 Cさん
My Birthday is March 1st.

 Cさんの誕生日がわかりましたね。制限時間は3分です。Let's Start!

 （誕生日を質問したり、並んだりする。）

 3分たちました。Cさんから順番に、誕生日を英語で言ってみましょう。

 [順番が間違っていた場合]
あれ、おかしいですね。正しい順番に並びなおして、改めて英語で誕生日を言いましょう。

 [全員正解した場合]
Wonderful!　みんなの英語で聞こう、伝えようとする頑張りと、協力する気持ちのおかげで、誕生日順の円がつくれました。

> **成功のポイント**
> - 英語で誕生日を伝えられたことを認め合ったり、"Good job." と言葉をかけ合ったりすることで、温かい人間関係の土台をつくりましょう。
> - 教室のスペースによっては、円ではなく列で並んだり、席に座ったりする方法もあります。

107
低 中 高

キーワードゲーム

キーワードに指定された言葉のときだけ、消しゴムを取るゲームです。

時間 5分 人数 グループ（2〜3人） 準備するもの 消しゴム

あそび方 ・両手を頭の上に置き、キーワードの英単語が聞こえたら、素早く消しゴムを取ります。

1 子どもたちに説明し、ゲームをします

①隣の人とペアとなります。
②二人の間に消しゴムを置きましょう。
③**手は頭の上に置いておきます。**
④私が**キーワードにした言葉を言ったときだけ、消しゴムを取りましょう。**
早く取った方が勝ちです。

最初のキーワードは"Rock"です。Repeat after me, rock.

Rock.

これから"Rock"と言ったら、消しゴムを取りましょう。

では、いきますよ。"Cook."

"Cook"だから違うな。

よ〜く聞いてくださいね。
"Box."

 "Rock"じゃなかった。

 だまされませんでしたね。

 次は……、"Rock"。

 取れました！

 Good！　みんな、動けましたか？　消しゴムを取れた人も、取れなかった
人も、よく聞いていましたね。

楽しみ方のポイント

● 取れた人に"Good.""Nice."と声をかけたり、拍手を送ったりするなどの約束をしてお
くと、勝ち負けにこだわりすぎず、温かい雰囲気で行えます。
● 慣れてきたら、子どもが交代で英単語を言う役を行ってみたり、数回行うごとにペア
を代えたり、手を置き場を肩や胸にしたり、ルールを変更してもよいでしょう。

108 低 中 高 めざせ！ 聞き取りマスター

短い英文を聞いて、指示どおりに動いたり、指示とは反対の動きをしたりして楽しむゲームです。

時間 5分 **人数** 学級全員 **準備するもの** なし

あそび方 ・英語の指示に従ったり、反対の動作を行ったりします。

1 子どもたちに説明し、ゲームをします

これからみなさんに英語で指示を出すので、指示された動作をしましょう。

Sit down.

（座っている。）

座っている人が正解です。よく聞き取れましたね。次の指示を出しますよ。

Close your eyes.

（目を閉じる。）

Good job.

2 アレンジをします

今度は私が言ったことと、反対の動作をしましょう。 "Raise your hands." **と言ったら、手は下げていないといけませんよ。**

Are you ready? Raise your hands.

（手を下げる。）

問題の例

Sit down. ⟵⟶ Stand up.

Close your eyes. ⟵⟶ Open your eyes.

Clap your hands. ⟵⟶ Don't clap your hands.

Take your cap on. ⟵⟶ Take your cap off.

That's all, everyone. Good job.
今度は隣同士でやってみましょう。

成功のポイント

● ゲームの最後は "Thank you." "Good job." などの声かけをして、教師と子ども、子ども同士の関係を深めましょう。

● 指示を出すスピードを変えてみたり、指示の英語とは全く違う動きをするようルールを設けたりすると、ゲームの幅が広がります。単語を聞き取るだけよりも難易度が上がるので、指示を出すスピードには気をつけましょう。

★学級集会・外国語活動

アルファベット探偵

アルファベットの一部分から、文字を当てるゲームです。文字の形や特徴について理解を深めることができます。

時間 5分　**人数** 学級全員

準備するもの アルファベットのカード・アルファベットを隠す紙

あそび方 ・アルファベットの一部を隠して示します。

1 子どもたちに説明し、ゲームをします

これからアルファベットのある部分だけを見せます。これは、どの文字でしょう。

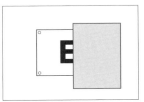

うーん……、"E"かなあ。

惜しい！　見える場所を変えるので、もう一度考えてみましょう。

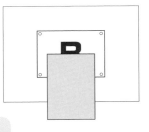

答えは"B"です！

正解！

アレンジのポイント

● 中学年でも、子どもが問題を出してもよいでしょう。ペアやグループで問題を出し合うこともできます。

● 高学年では、小文字を使うことで、難易度を調整することができます。

110

低中高

ナンバー30

　数字の英語に慣れ親しみ、頭を使いながら楽しむことができるゲームです。「30でドボン!」(160ページ参照)に慣れておくと、スムーズに取り組めます。

時間 5分　**人数** グループ（2〜4人）　**準備するもの** なし

あそび方 ・数を言う順番を決めます。
・数字は1〜3ずつ増やしていきます。最後に自分が30を言わずに終えられたら勝ちです。

1 子どもたちに説明し、ゲームをします

①順番に1〜30の数字を言っていきます。
②1回のターンで3個まで数字が言えます。1個でも、2個でも、3個でもOKです。数字を言ったら、"It's your turn."と言いましょう。
③最後に30を言った人が負けです。相手に30を言わせましょう。

[ゲームが終わったら]

終わったら、お互いに拍手を送りましょう。

[負けてしまった子どもには]

「自分がどの数字を言えば、相手が困るかな……」と考えてみましょう。例えば、相手に30を言わせるには、29を言う。相手に、26、27、28のどれかを言わせるには、どうしたらいいのか考えてみましょう。

アレンジのポイント

●最後に言う数や一度に言える数を変えることで、難易度の調整ができます。
●チーム対抗戦にすると、チームで戦略を考えながら活動するゲームになります。

第3章

もっといろいろなあそび―外国語

111

低 中 高

★学級集会・環境学習

キャップフィッシング

割り箸の先をペットボトルキャップに引っかけて釣り上げるゲームです。

時間 15分　**人数** グループ（4〜6人）

準備するもの ペットボトルのキャップ（各グループ6個程度）と割り箸（グループの数分）・ストップウォッチ

あそび方 ・割り箸を使って、ペットボトルキャップを釣り上げます。

1 子どもたちに説明し、練習をします

ペットボトルキャップの上の面に得点が書いてあります。得点が見えないように裏返しにします。

割り箸を使って、割り箸の先をペットボトルキャップのふちに引っかけてみましょう。

キャップのふちを持ち上げるようにすると上手に釣り上げることができます。

引っかけて持ち上げることができた！

コツは慌てず、しっかり引っかけてから持ち上げることです。

2 ゲームをします

①一人のもち時間は20秒です。20秒たったら次の人に交代しましょう。
②制限時間内で、合計の点数が高かったチームが勝ちです。

[うまくキャップを釣り上げられなかった子どもには]

うまく釣り上げられなかった人は、次の人の応援で頑張ることが大切です。
みんなで楽しく、仲よくゲームをしましょう。

楽しみ方のポイント

●釣り上げることが難しい場合は、割り箸でつまんでもよいでしょう。

●上手にできるようになったら、ルールを工夫しましょう。キャップにひらがなやアルファベットを書き、釣り上げたキャップの文字を使って、どんな言葉や単語ができるかを考えるアレンジも盛り上がります。

●「ゴミだと思っているものでも、こうして楽しい時間が過ごせましたね」など、再利用への意識が高まる声をかけましょう。

★学級集会・環境学習

112 ごみ分別クイズ

低 中 高

　各自治体の分別方法をもとに、クイズ形式でごみの分別について考えるゲームです。

時間 5分　人数 学級全員　準備するもの なし

あそび方 ・教師がごみの分別に関するクイズを出題します。
　　　　・子どもは選択肢の中から、クイズの答えを選びます。

1 子どもたちに説明をします

これからごみの分別についてクイズを出します。選択肢から正しいと思う答えを選びましょう。何問正解ができるかな？

2 ゲームをします

第1問！　ペットボトルの正しい出し方は、キャップを……
A取る
Bつけたまま
さあ、どちらでしょう？

これはお店で見たことがあるよ。
Aの「取る」が正解だ！

正解は、「A取る」でした！　ペットボトルとキャップの材質が違うので、分別が必要なんです。キャップを取ってごみに出すようにしましょうね。

では、第2問！　サッカーやテニスなどのボール類は
A 燃やせるごみ
B 燃やせないごみ
正しいのはどちらでしょう？

ん〜、ゴムは燃やしても
いいのかなあ。

有害なものが出てきそう
な気もする……。

ヒントは、毎週2回の収集日に出せるごみです。

2回ということは、わかった！
「A燃やせるごみ」だ！

正解は「A燃やせるごみ」です。

クイズの例

①スプレー缶は、A燃やせるごみ　B燃やせないごみ

②マンガは、A燃やせるごみ　Bリサイクルごみ

③布団は、A粗大ごみ　B燃やせるごみ

④電池は、すべて　Aリサイクルできる　Bリサイクルできない

⑤牛乳パックは、A紙と混ぜて出してよい　B紙と別々に出す

答え：①B　②B　③A　④B　⑤B

※ゴミ出しのルールは、地域によって異なります。市区町村のルールに従って、クイズを作成してください。

▶ **アレンジのポイント**

●「燃やせないごみ」「燃やせるごみ」「資源ごみ」など選択肢を増やすと難易度は上がります。

★学級集会・環境学習

パッチンかえる

身の周りにあるものを使って、跳びはねるおもちゃを作ってあそびます。

時間 20分　**人数** 学級全員　**準備するもの** 牛乳パック・輪ゴム・はさみ

あそび方 ・牛乳パックと輪ゴムで、パッチンかえるを作ります。

1 パッチンかえるをつくります

①

牛乳パックを開きます。二面がつながるように切ります。

②

半分に折り、はさみで両端に切れ込みを入れます。

③

輪ゴムを牛乳パックの裏側でクロスして、切れ込みに引っかけます。

④

完成です。絵を描いたり、シールを貼ったりして、自分だけのパッチンかえるにしましょう。

2 ゲームをします

できたパッチンかえるがどれだけ跳ぶか、友だち同士で比べてみましょう。高く跳ばす工夫を教え合えるといいね。

輪ゴムがある面を表になるように折って、飛ばしてもいいし、絵の面を開いて飛ばしてもいいですよ。

Aさん

Aさんのかえるは高く跳んでいる!

輪ゴムを二つにしてみたんだ!

では、みなさんスタート地点にパッチンかえるを置いて、スタンバイしましょう。高く跳ばせることができた人が勝ちです。

> **楽しみ方のポイント**
>
> ● 勝ち負けや高く跳ぶことよりも、友だちを手伝ったり、デザインを工夫したりしている子を見つけて称賛しましょう。
> ● 斜めの台から前に飛ばした距離で競ったり、辞書を重ねた上にA4コピー用紙を置き、その上に消しゴムやペットボトルキャップをのせて、パッチンかえるを下から跳ばしたりと、アイデア次第で楽しみ方が広がります。

114

低 中 高

★学級集会・環境学習

ボトルダーツ

割り箸を上から落として、ペットボトルをねらうゲームです。

時間 10分 人数 グループ（4～6人）

準備するもの 割り箸（各グループに10本）・ペットボトル

あそび方 ・ペットボトルを床に立てて置きます。
・ペットボトルの真上から割り箸を落とし、何本入ったかを競います。

1 子どもたちに説明をします

①ペットボトルを床に置きます。
②**割り箸を目の近くで持ち、割り箸を落とします。膝は曲げずに、ペットボトルの口を狙いましょう。**
③一人ずつ順番に上から落とし、ペットボトルにたくさん割り箸が入ったグループの勝ちです。

ペットボトルの代わりに、口の大きいコップやビンでもOKです。

2 ゲームをします

先に6本入れたグループが勝ちです。ゲームを始める前にグループのメンバーでコツを伝え合ったり、教え合ったりしましょう。どのグループが早く入れられるかな？

片目をつぶって落としたら、うまくいったよ！

★学級集会・環境学習

ペットボトルボウリング

空のペットボトルを使った、ボウリングゲームです。

時間 15分　**人数** グループ（少人数～大人数）

準備するもの ペットボトル（10本）・ボール

あそび方 ・ボウリングのピンと同じようにペットボトルを並べ、ボールを投げます。
　　　　　　・よりたくさんペットボトルを倒したグループが勝ちです。

1 子どもたちに説明をします

> ペットボトルボウリングをします。ボウリングのようにボールを投げ、ペットボトルを倒した数の合計が多いグループの勝ちです。

ルールのアレンジ

・ボールを変える
　大きさ、重さ、柔らかさで倒れ方が変わります。

・投げる位置を変える
　高学年や得意な人は遠い場所から投げましょう。または、遠い距離ほど得点を高くする方法もあります。

・ペットボトルのサイズを変える
　500ミリや２リットルなど、複数のサイズを準備しておき、サイズによって得点を変えます。

・ペットボトルに水を入れる
　倒れにくくなり、難易度を調整することができます。絵の具などを使って色水にすると、水が入っていないペットボトルと区別しやすくなります。

成功のポイント

● グループでピンを並べる人、投げる合図をする人の役割を決めておくとスムーズです。

★学級集会・福祉学習

116
低 中 高

私の名前は……

　　手話だけでなく、指文字にも慣れ親しむことができます。体や目、顔の表情も使って、表現しましょう。

時間 15分　**人数** ペア

準備するもの 指文字のひらがな一覧表（226ページ）のコピー（人数分）

あそび方 ・手話を使った自己紹介の仕方を子どもたちに教えます。
　　　　　・決められた時間の中で、できるだけ多くの友だちと手話で自己紹介をします。

1 子どもたちに手話を教えます

「私の名前は……」の表し方を覚えましょう。真似してくださいね。

私	名前

人差し指で自分をさす。	手のひらの中央に、反対の親指をつける。

（手話の練習をする。）

自分の名前は、指文字を組み合わせて表します。指文字のひらがな一覧表を見ながら、練習しましょう。

2 練習をします

「私の名前は○○です」と隣同士で手話と指文字で自己紹介を練習しましょう。友だちの指文字が間違っていないか、一緒に確認してあげてくださいね。

（か、と、う。）

合ってます!

3 ゲームをします

では2分間で、できるだけ多くの友だちと自己紹介をしましょう。

みなさん、何人の友だちと自己紹介ができたかな？ （自己紹介をした人数を確認する。）
いちばん多く自己紹介をできた子にみんなの前でやってもらいましょう。

4 アレンジをします

今回、初めて同じ学級になる友だちに自己紹介をしましょう。

初めましての人や、あまり話したことがない人に自己紹介をしましょう。

> **アレンジのポイント**
>
> ● 自己紹介をする相手を指定することにより、子ども同士の多様な関わりが生まれます。
> ● さらに「こんにちは」「あなたの名前は何ですか？」などの手話を覚えると、より手話での会話に親しむことができます。

相手から見た手の形です。右手でも左手でも、どちらでも大丈夫です。

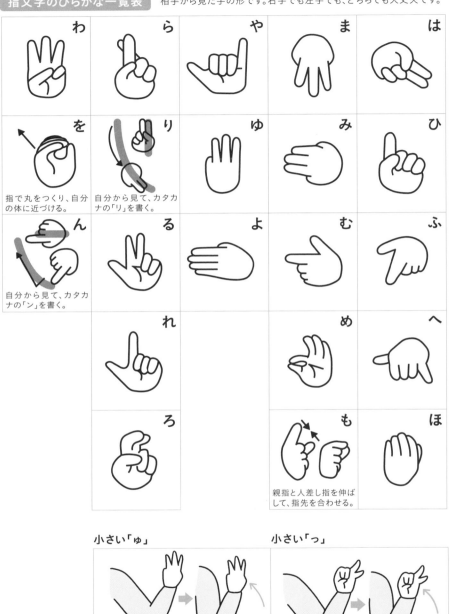

わ	ら	や	ま	は
を 指で丸をつくり、自分の体に近づける。	り 自分から見て、カタカナの「リ」を書く。	ゆ	み	ひ
ん 自分から見て、カタカナの「ン」を書く。	る	よ	む	ふ
	れ		め	へ
	ろ		も 親指と人差し指を伸ばして、指先を合わせる。	ほ

小さい「ゅ」

「ゅ」をつくってから、体に近づける。
※小さい「や」「よ」も同じ。

小さい「っ」

「つ」をつくってから、体に近づける。

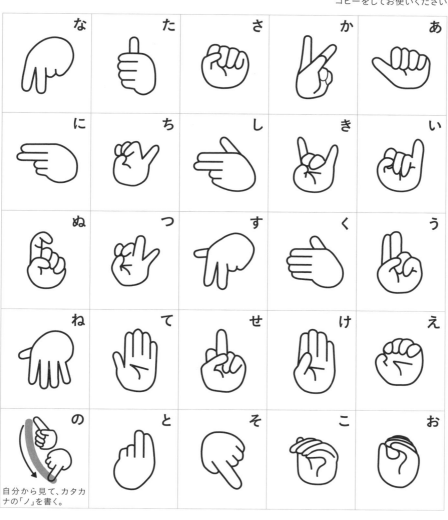

な	た	さ	か	あ
に	ち	し	き	い
ぬ	つ	す	く	う
ね	て	せ	け	え
の	と	そ	こ	お

自分から見て、カタカナの「ノ」を書く。

のばす音　　「゜」がつく音　　　　　　　「゛」がつく音

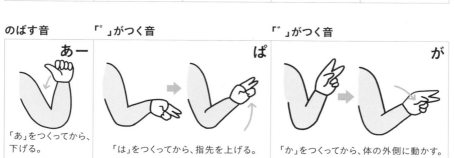

あー
「あ」をつくってから、下げる。

ぱ
「は」をつくってから、指先を上げる。

が
「か」をつくってから、体の外側に動かす。

★学級集会・福祉学習

仲間の動物、集まれ！

手話でコミュニケーションを取りながら、仲間の動物で集まるゲームです。

時間 15分　人数 学級全員

準備するもの 動物のカード（ぞう、牛、ゴリラ、ねこ、コアラ）

あそび方
・子どもたちに、5種類の動物（ぞう、牛、ゴリラ、ねこ、コアラ）の手話を教えます。
・子どもたちに同じ動物のカードを配り、手話をしながら動物別に集まります。

1 子どもたちに手話を教えます

まず、動物の手話を覚えましょう。

動物

ぞう

片手をグーにして、顔の前で揺らします。

牛

両手の人差し指と親指を伸ばして、頭につけます。

ゴリラ

両手をグーにして、胸を叩きます。

ねこ

軽く握った手を顔に近づけ、招き猫のような動作をします。

コアラ

人差し指と中指の先を少し曲げて、木につかまるように動かします。

2 子どもたちに説明し、ゲームをします

これからみなさんにカードを配ります。カードに描いてある動物を手話で表現して、同じ動物同士で集まりましょう。

（カードを受け取り、手話を確認する。）

私はねこだから手をグーにして、空中で動かせばいいんだね。

では、始めます。仲間の動物、集まれー！

- -

［仲間が見つからない場合は］

鳴き声や動物の動きを加えてもよいですよ。同じ動物の友だちを探してね。

- -

［子どもたちが集まったら］

仲間が全員集まりましたか？　一斉に手話をして、確認をしましょう。違う動物の人はいませんか？

第3章

もっといろいろなあそび—福祉

成功のポイント

- 子ども同士が積極的にコミュニケーションを取ることができるよう支援しましょう。
- 動物の種類を増やしたり、違う動物同士が集まるルールに変えたりすることにより、難易度が高くなり、子どもたちはより積極的にコミュニケーションを図ろうとします。

118
低 中 高

このスポーツは何だ？

　手話で表現したスポーツを当てるゲームです。実際のスポーツの動きと似ているので、連想ゲームのように取り組めます。

時間 5分　**人数** 学級全員　**準備するもの** なし

あそび方 ・教師が手話でスポーツを表現します。
　　　　　・子どもたちは、教師が表現したスポーツを当てます。

1 子どもたちに説明をします

手話でスポーツを表現します。どんなスポーツか当てましょう。
では、始めます。このスポーツは何でしょうか。

サッカー

片手を丸めます（ボール）。反対の手の人差し指と中指を伸ばし（足）、丸めた手にあてます。当たったら、丸めた手を横に動かします。

走っている感じだったね。マラソンかな？

もう一度やりますよ。よく見ていてください。

あれ、ボールかな？

世界中で人気があり、世界大会もあるスポーツです。

※答えに関わる話を子どもたちに投げかけながら、子どもの相互理解を深めていきます。

サッカーだと思います。

正解です。サッカーが好きな子はいますか？ **みんなで、一緒にサッカーの手話をやってみましょう。**

スポーツ

※日本手話はジェスチャーに似た表現方法が多いため、スポーツの動きを真似すれば意味が通じることがあります。

野球

片手を丸めます（ボール）。反対の手の人差し指を伸ばします（バット）。人差し指を丸めた手にあて、丸めた手を横に動かします。

バレーボール

トスをするように、両手を頭の上で動かします。

水泳

人差し指と中指を伸ばして、上下にバタバタさせながら、手を横に動かします。

ダンス

手のひらの上で、反対の手の人差し指と中指を伸ばして、ダンスをするように手を左右に動かします。

アレンジのポイント

● グループで練習したあと代表の子どもが出題する時間をつくると、子ども同士のコミュニケーションが深まります。

● 乗り物や動物などさまざまな手話に取り組み、手話への理解を深めましょう。

手話ビンゴ

手話を使ったビンゴゲームです。

時間 15分 **人数** 学級全員

準備するもの ビンゴ用紙（236ページをコピーして使いましょう）

あそび方 ・1〜10の中から数字を選び、ビンゴをします。
・数字は手話で表現します。

1 子どもたちに手話を教えます

1〜10の数の手話を覚えましょう。

数字

1　2　3　4
5　6　7　8
9　10

232

2 練習をします

ビンゴをする前に、隣同士で数字当てクイズをして手話を練習しましょう。

伝わるかな？
（手話をする。）

6？　あれ、違うかな？

手話がわからなくなってしまったら、ペアでもう一度練習をしましょう。

3 ゲームをします

ビンゴ用紙の空欄に1〜10の好きな数字を書きましょう。私が手話で数字を表します。同じ数字があったら、丸で囲みましょう。1列そろったらビンゴです。

準備はいいですか？　では、始めます。（手話をする。）

この手話は「4」だ。あった！

みんながビンゴになるまで続けますよ。

アレンジのポイント

● ビンゴの数やマスを増やすことで難易度が高まります。
● 教師の代わりに子どもが順番に数字を表現することで、手話に慣れ親しむ場がさらに増え、子ども同士のコミュニケーションが活発になることも期待されます。

120 手話で色おに

低 中 高

手話を使った、色おにです。

時間 10分　**人数** 学級全員　**準備するもの** なし

あそび方 ・おにが手話で色を表現します。
・逃げる人は、手話で表現された色を触ります。おにがタッチできる距離まで近づいてきたら、10をかぞえる間にほかのものに触りなおすか、おにから逃げます。
・色を触っていない人にタッチするとおにが交代します。

1　子どもたちに手話を教えます

 まず、色の手話を覚えましょう。

色

赤

人差し指で唇をさし、横に動かします。

青

指先でほおに触れ、耳に向かって動かします。

黄

親指と人差し指を伸ばします。親指は額につけたまま、人差し指を2回左右に動かします。

黒

手で髪の毛を触ります。

白

人差し指で歯をさし、横に動かします。

色の手話を覚えるコツは、何かあるかな?

青と黄を覚えておけば、あとは実際の色だね。

黄はおもしろい動きだから、覚えやすいね。

2 練習をします

みんなで色おにをする前に、隣同士で座ったまま色おにをしてみましょう。

(手話をする。)

青だね。私のノートの色です。
(自分のノートを相手に見せる。)

3 ゲームをします

①おにが手話で色を伝えます。
②みなさんは教室内で、その色を見つけて触りましょう。触っている間は、おにには捕まりません。
③ただし、おにが近くに来たら10かぞえます。その間にほかのものに触りなおすか、おにから逃げます。捕まったら、次のおにです。

では、最初は私がおにです。さて何色でしょう。(手話をする。)

> **楽しみ方のポイント**
> ●狭い場所ではグループごとに行ったり、歩いて逃げたりと、ケガすることがないようにルールを工夫しましょう。
> ●おにを複数人にすると、おにの孤立感がなくなります。また協力して捕まえようとする連帯意識が高まります。

参考文献◎『はじめての子ども手話』谷 千春・監(主婦の友社)

ビンゴ用紙

コピーをしてお使いください。

おわりに

「ちょっと待って。Bさんが首を横に振っていたよ」

これは、ある学校の2年生の学級会の授業を参観した折、黒板記録をしていた、おとなしそうな男の子の発言です。あるあそびに決まりかけていたとき、司会者が「このあそびでいいですか?」と全員に聞いたところ、「いいです」と大きな声が聞こえました。私もこれで決定するものと思っていたときに聞こえてきたのが、冒頭の言葉です。

その学級には「誰一人、嫌な思いをしないようにしたい」という考え方が浸透していました。結局、再度、その内容について話し合い、全員が笑顔であそびを決定していました。

教師と子どもの信頼関係は教育の基盤です。教師の適切な指導のもと、子ども同士のよりよい人間関係を築くことが、今、まさに求められているのではないでしょうか。

いじめ問題も、教師の目の届かないところで、子ども同士の中で起こってしまいます。

子どもには、自分のことを理解し、寄り添ってくれる教師の存在が不可欠です。そして、学校に行く楽しさは教科の学習とともに、友だちとの語らいやあそびにあるのだと思います。

本書は、日本の特別活動、学級経営、生徒指導等を文部科学省においてリードされてきた宮川八岐先生と不肖稲垣孝章の監修のもと、現在各地で指導に当たられている校長、教頭先生に執筆及び編集協力者として携わっていただきました。また、執筆された先生方も授業研究会や各種の研修会で指導されている実践者です。「すべては子どもたちのために、すべての子どもたちのために」との教育愛に満ちた先生方の教育活動の一助になることを切に願い、全国の各学級から友だちへの大きな声援が響きわたることを期待しています。

稲垣孝章

執筆者

吉沢 猛 ┃ 吉見町立西が丘小学校長
┃ 前埼玉県特別活動研究会事務局長・現副会長

人は人と関わることで磨かれます。「学校が大好き、このクラスが大好き」。それは、友だちがいるから。自分をいつも見てくれる先生がいるから。大好きな友だち、先生と楽しくあそべる。そんなあそびが詰まった1冊ができました。

大澤 崇 ┃ 川越市立霞ケ関北小学校長
┃ 平成29年告示小学校学習指導要領特別活動編作成協力者

私は若い頃、ひたすら子どもたちとあそんでいました。休み時間も放課後も……。あそびを通して、普段の授業とは違った子どもたちの姿、一人ひとりのよさをたくさん発見しました。子ども同士、子どもと教師のよりよい人間関係を築くことができ、学級経営にも大いに活かされました。ちょっとした時間で構いません。先生方も本書のあそびを子どもたちと楽しみませんか。

鈴木和也 ┃ 川島町立中山小学校長
┃ 前埼玉県立総合教育センター主任指導主事情報教育・特別活動担当

子どもたちは楽しい活動が大好きです。ぜひ日頃から、ちょっとした時間を見つけて、多くのあそびを体験させてあげてください。初めはうまくいかなくても大丈夫。やっているうちに、誰かがコツをつかんだり、わかりやすいルールを思いついたりしてくれます。まずはやってみる。子どもたちとともに楽しい時間を過ごしましょう。

舩田真由美 ┃ 東秩父村立槻川小学校教頭
┃ 平成29年度道徳と特別活動の教育研究賞（個人）文部科学大臣賞受賞

この本を手にして毎日頑張っている先生へ

先生と初めて会った日から、先生のパワーに惹きつけられていく子どもたち。子どもとともに考え、子どもとともに汗を流して頑張っている先生。先生の人柄が子どもたちの心を動かし、みんなで楽しい毎日を過ごしている様子が浮かびます。子ども一人ひとりの花を、教室いっぱいに咲かせてあげてください。そして、先生も子どもと一緒に輝き続けてください。

稲垣光司 ▌ 坂戸市立南小学校教諭

稲垣伸孝 ▌ 川越市立芳野小学校教諭

笠原大輔 ▌ 川島町立つばさ南小学校教諭

久保充弘 ▌ 東松山市立松山第一小学校教諭

小泉琢磨 ▌ 深谷市立藤沢小学校教諭

後藤 敦 ▌ 川越市立上戸小学校教諭

鈴木智尋 ▌ 滑川町立福田小学校教諭

砂永牧子 ▌ 吉見町立北小学校教諭

中島礼子 ▌ 東松山市立唐子小学校教諭

八木原美穂 ▌ 東松山市立高坂小学校主幹教諭

五十音順（2023 年 3 月現在）

監修者

宮川八岐（みやかわ・やき）

元文部科学省初等中等教育局視学官。埼玉県公立学校教員、教頭、草加市教育委員会、草加市立氷川小学校長を経て、平成6年度から文部省初等中等教育局小学校課教科調査官（主に特別活動、生徒指導、学校図書館等を担当）に。平成12年度から同局視学官。平成16年度に国立妙高少年自然の家所長、平成17〜20年度まで日本体育大学教授、平成21〜27年度まで國學院大學人間開発学部教授を務める。著書に『主体的に生きる力を育てる学級活動と学級経営』（明治図書）、『個を生かす集団活動と学級文化の創造』（東洋館出版社）、『やき先生の特別活動講座 学級会で子どもを育てる』『やき先生の学級童話集 だるま学級物語 ほか五編』（以上文溪堂）、編著に『小学校ボランティア活動事例集』（教育出版）などがある。

稲垣孝章（いながき・たかふみ）

埼玉県東松山市教育委員会教育長職務代理者。城西国際大学兼任講師、日本女子体育大学非常勤講師。埼玉県公立学校教員、東松山市教育委員会、教頭、小学校長として3校で特別活動の研究を推進。道徳と特別活動の教育研究賞での校長としての実践論文が「文部科学大臣賞・最優秀賞（団体）」を2校で受賞。東松山市立松山第一小学校長定年退職後は、東松山市立総合教育センター所長を経て現職。大学では特別活動論、総合的な学習の時間の指導法、生徒指導、道徳教育の理論と方法などを担当している。平成10年度「小学校学習指導要領特別活動編」（文部省）作成協力者、埼玉県特別活動研究会第24代会長を務める。『ワクワクウキウキ楽しい学級遊び100』『学級通信早わかり』『係活動早わかり』『ワクワクウキウキ英語で学級遊び30』『特別活動で、日本の教育が変わる!』（以上小学館）、『「みんな」の学級経営 伸びる・つながる小学1年生』『「みんな」の学級経営 伸びる・つながる小学2年生』（東洋館出版社）、『1年間で学級・学校経営が劇的に変わる「教師の一般教養」』（文溪堂）など著書多数。

楽しい学校生活をつくる　クラスがまとまる　学級あそび120

2023年3月6日　初版発行

監修者	宮川八岐	Miyakawa Yaki, 2023	編集　梨子木志津（カラビナ）
	稲垣孝章	Inagaki Takafumi, 2023	デザイン　田畑紀子

発行者　田村正隆

発行所　株式会社ナツメ社
　　　　東京都千代田区神田神保町1-52
　　　　ナツメ社ビル1F（〒101-0051）
　　　　電話 03-3291-1257（代表）　FAX 03-3291-5761
　　　　振替 00130-1-58661

制　作　ナツメ出版企画株式会社
　　　　東京都千代田区神田神保町1-52
　　　　ナツメ社ビル3F（〒101-0051）
　　　　電話 03-3295-3921（代表）

印刷所　ラン印刷社

DTP　芦澤 伸／内山智江（東光美術印刷）
イラスト　しゅんぶん
編集協力　和西智哉（カラビナ）
編集担当　神山紗帆里（ナツメ出版企画）

ナツメ社Webサイト
https://www.natsume.co.jp
書籍の最新情報（正誤情報を含む）は
ナツメ社Webサイトをご覧ください。

本書に関するお問い合わせは、書名・発行日・該当ページを明記の上、下記のいずれかの方法にてお送りください。電話でのお問い合わせはお受けしておりません。
● ナツメ社 web サイトの問い合わせフォーム
https://www.natsume.co.jp/contact
● FAX
03-3291-1305
● 郵送
左記、ナツメ出版企画株式会社宛て

なお、回答までに日にちをいただく場合があります。正誤のお問い合わせ以外の書籍内容に関する解説・個別の相談は一切行っておりません。あらかじめご了承ください。